JN270472

人生は手帳で変わる

第4世代手帳フランクリン・プランナーを使いこなす

Franklin Planner

フランクリン・コヴィー・ジャパン編著

はじめに

人生は手帳で変わる!

なんて大げさな!!、と思われるかも知れない。

しかし、これは本当なのだ。本書を読んでいただければ、その理由がおわかりいただけると思う。

本書は、毎日仕事に追われている人、自分の時間がないと悩んでいる人、反対に時間を持てあましている人、家族と一緒に過ごす時間を確保したいと考えている人、現状に満足できない人、もっとスキルアップをしたいと考えている人、やりたいことが多すぎてどこから手を付けたらいいか途方に暮れている人、何をしたらいいかわからない人、現在やっていることに自信がもてない人、心の安らぎを得たいと思っている人、夢を実現したいと思っている人、「最も大切なこと」を実現したいと思っている人……、要するに人生を有意義に送りたいと思っているすべての人のガイドブックとして企画された。

手帳を単なるスケジュール帳としてではなく、人生のガイドとして活用すれば、無駄な時間を使うことなく、必ず有意義な人生を送ることができ、「最も大切なこと」を実現することができるはずなのだ。そのためには、まず手帳に対する誤解を解くことから始めなければならない。

手帳で時間は管理できない！

例えば、毎日仕事に追われているあなたの手帳には、スケジュールがびっしりと書き込まれているに違いない。200×年8月12日のページには、10時00分～11時00分まで、A社でB氏と打ち合わせ、13時00分～15時00分まで、CホテルでD氏と打ち合わせなどという具合だ。

手帳に書き込まれた時間を見て、あなたは時間を管理していると思っているかも知れない。しかし、それは大いなる誤解に過ぎない。よく考えればわかることだが、時間を管理しているのではなく、その時のあなたの行動を管理しているに過ぎないのだ。

時間は現在から未来に向かって流れるベクトルなのだから、それを管理することなどできはしない。管理できるのは時間ではなく、自分自身の行動だ。手帳は、自分の行動を管理するツールである。本書は、ここから出発する（第1章参照）。

第４世代の手帳でなければ人生は変わらない！

ではどんな手帳でも、自分自身の行動を管理すれば人生を変えることができるのか？　残念ながら、答えはノーだ。

現在多くの人が使っているスケジュールを管理するシステム手帳では、人生を変えるまでには至らない。せいぜい優先事項を管理するにとどまる。しかし、優先すべき顧客へのクレーム対応や原稿の締め切りなどに加えて、上司からの割り込みなどといった緊急対応が重なると、思うようにはいかないのが実際だ。結局、スケジュール管理中心のシステム手帳を使っている限り、忙しくなればなるほど、「最も大切なこと」を実現する時間は消えていく（第2章参照）。

それは、ミヒャエル・エンデが描いた『モモ』に出てくる灰色の男たちに時間を盗まれるようなものだ。しかし厄介なことに、こうした忙しさが充実感をもたらしてしまうこともある。だから、いつまで経っても「最も大切なこと」に着手できなくなる。

システム手帳の限界を超えたのが、本書で紹介する第4世代（その理由は第2章参照）の手帳であるフランクリン・プランナーだ。単に毎日の優先事項を決めるだけでなく、人生において「最も大切なこと」に基づいて行動を組み立てることができる。

漠然とした長期目標としてではなく、毎日のスケジュールに「最も大切なこと」を実現するために行動すべきこと(タスク)を記述するので、フランクリン・プランナーを使えば使うほど「最も大切なこと」に近づける。つまり、第4世代の手帳であるフランクリン・プランナーであれば、あなたの人生を変えることができるのだ(第2章参照)。

「最も大切なこと」を発見することから始めよう!

もうおわかりのように、第3世代以前の手帳と第4世代手帳の決定的な違いは、「最も大切なこと」に基づいて、自分自身の行動を管理しているかどうかにある。

そこで問題となるのが、「最も大切なこととは何か、どうすれば発見できるのか?」ということになる。せっかくの第4世代手帳であるフランクリン・プランナーも、「最も大切なこと」に基づかなければ、本来の能力を発揮できず、使いやすいシステム手帳にとどまってしまう。

しかし、それは多次元方程式を解くほど難しいことではない。なぜなら、〝「最も大切なこと」は既にあなた自身のなかにある。だから作り上げるのではなく発見するだけでいいのだ〟と、『7つの習慣』を著したスティーブン・R・コヴィーは言う。本書は3つの切り口から、「最も大切なこと」の発見を支援する(第3章参照)。

フランクリン・プランナーは、グループでもデジタルでも利用できる！

フランクリン・プランナーは、「最も大切なこと」を発見するまでの間、通常のタイム・マネジメント・ツールとして使うことができる（第3章参照）。しかし、本当に真価を発揮するのは、「最も大切なこと」に裏打ちされた使い方だ。

そこで、第4世代の手帳としての使い方を紹介する。「最も大切なこと」が発見できたら、その実現に向けて、長期目標、中間ステップ、月間目標、ウィークリータスク、デイリータスクへのブレークダウンの方法をガイドする。もちろん、日々の出来事の管理についても実践的な手順を示している（第3・4章参照）。

また、フランクリン・プランナーは個人で使うだけでなく、グループ利用でも大きな力を発揮する。グループの目標（「最も大切なこと」）を発見し、その実現に向けて各人の行動を管理できるからだ。特にビジネスにおける有効な使い方について詳しく紹介する（第5章参照）。

さらに、デジタル時代に対応した、Web上で使えるオンライン・フランクリン・プランナーやPDA版のフランクリン・プランナーについても紹介する（第6章参照）。最後に、「最も大切なこと」を発見するのに役立つヒントも用意したので活用して欲しい（付録参照）。

あとはあなたの決断と実行だ！

いくら優れた第4世代の手帳でも、実践しなければ真価は発揮できない。

スキルアップをしたいあなた、仕事と家庭を両立したいと考えているあなた、夢を実現したいと思っているあなた、そして人生を変えたいと考えているあなた、後はあなたの決断と実行にかかっている。

本書が、あなたの決断と実行を後押しして、よりよい人生を切り拓くきっかけになれば望外の幸せだ。

フランクリン・コヴィー・ジャパン株式会社

2002年6月

目次

第3章　「最も大切なこと」を発見してから計画・実行する

第4章　フランクリン・プランナーの一歩進んだ使い方

第5章　プロジェクトでフランクリン・プランナーを使う

第6章　デジタル・フランクリン・プランナーを使う

付録　演習：「最も大切なこと」を発見するためのヒント

フランクリン・プランナー活用記

コラム

プロローグ

なぜ時間管理は難しい？

あなたの手帳を見てください。家族や大切な人との予定は書いてありますか?

158ページ参照

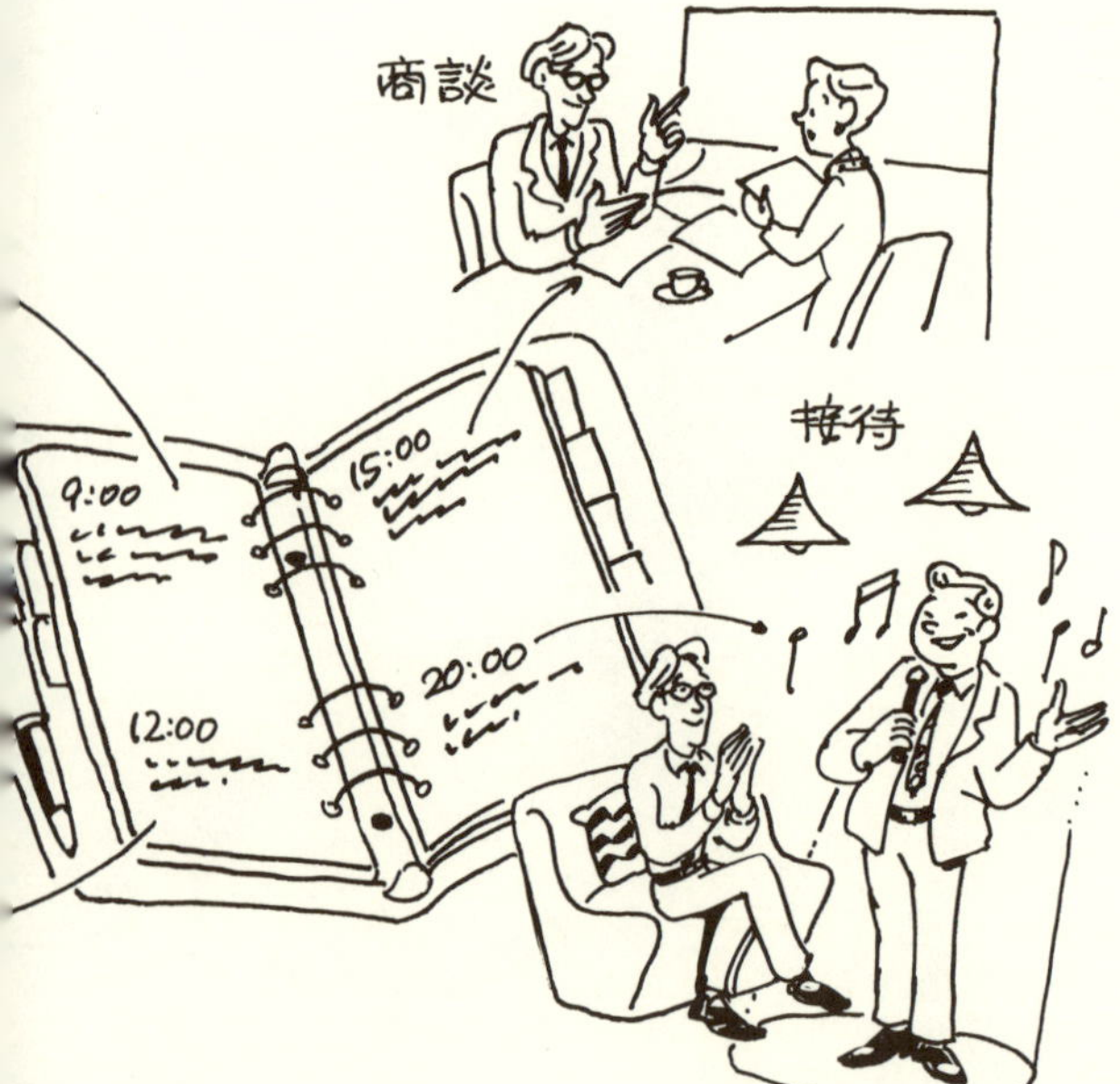

仕事の予定を手帳に書くのは当たり前。では家族の予定はどうでしょう。例えば、妻と子供の教育について話し合う予定は？　それは頭のなかに書いてある！　でも頭のなかだけでは、ついうっかりして忘れたり先送りしたりして、なかなか話し合う機会がないのではありませんか？　フランクリン・プランナーであれば、仕事もプライベートも大切な事柄を同列に管理することができます。

スキルアップしたいのに、時間がないと悩んでいませんか?

112ページ参照

もう少し仕事に活用できる専門知識を身につけたい。必要な外国語を勉強したい。いろいろとスキルアップへの意欲はあるけれど、実際は日々の仕事に追われて先延ばし。気が付けば何もせずに数年が経っている。そんな毎日を過ごしていませんか？　忙しい忙しいと思っていても、あなたの一日を見ればムダな時間はけっこうあるはず。フランクリン・プランナーでは、あなたの毎日を整理し、本当に必要な事柄に時間を割くことができるようにします。

ヒマつぶし
健康維持
自己啓発
準備
勉強
計画
品質
電話
会議
クレーム
事故
来訪
接待
雑用
勉強
TV

やらなければならないことが多すぎて、どこから手をつけたらいいのかわからない?

100ページ参照

あれもやらなければ、これもやらなければ。毎日ルーチンワークに追われてばかり。あるいは、やらなければならないことが多すぎて全部中途半端になってしまう。そうならないためには、やるべきことに優先順位をつけねばなりません。しかも、その優先順位は単なる緊急度ではなく、重要度に基づいている必要があります。フランクリン・プランナーは重要度に応じて事柄のカテゴリー分けを明確にし、やるべきことの整理を徹底的に行います。

あれも
これも…
メールチェック
上司への報告
父親への病気見舞
結婚記念日
企画書の準備

何かしたいのに、なんとなく毎日が過ぎていくと物足りなく感じていませんか?

142ページ参照

仕事もプライベートもそれなりに順調。でも、何となく物足りない。友達と連れだって英会話やお稽古ごとを始めてみても、あまり身に付く様子もない。本当はもっと他にできることがあるはず？　そんなことを考えていませんか？　一見順調に見えても自分にとって「最も大切なこと」の実現に向けて活動していなければ充実感は得られません。フランクリン・プランナーは「最も大切なこと」の発見をお手伝いします。

なんとなく
ものたりない…
最も
大切な
こと
プライベート
仕事

「緊急な出来事」をコントロールしていますか？

98ページ参照

前日にあれをやろう、これをやろうと決めても、当日、矢のように緊急な仕事が飛んでくる。こんな状態が続いていて、やりたいことに手を付けることができないと悩んでいませんか？　そんなときには「緊急な出来事」をコントロールすればいいのです。フランクリン・プランナーは緊急な出来事をコントロールするやり方を明らかにし、本当にやりたいことに没頭できる時間を創ります。

上司の
割り込み仕事
締切
緊急事態
電話

あなたの手帳には、一つでも本当にやりたいことが書いてありますか?

184ページ参照

本当にやりたいことは考えているだけでは実現しません。実現するための工程表が必要です。例えば、10年後に独立するのであれば、必要な資格の取得手順、人的ネットワーク作りの手順、資金調達の計画など、具体的なタスクに落とし込まなければ、いつまで経っても夢は実現しません。フランクリン・プランナーは夢の実現に向けた長期目標から中間ステップ、そして毎日のタスクに落とし込むやり方をお教えします。

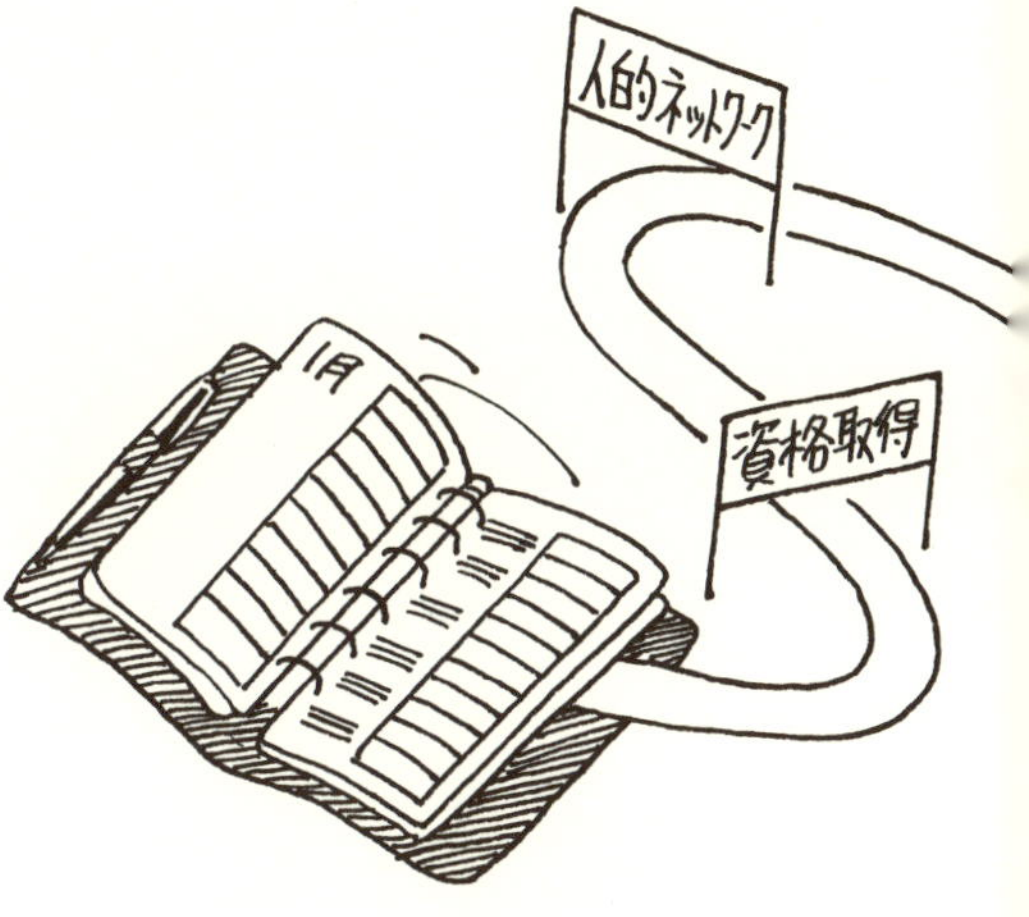

複数のプロジェクトを効率的に遂行するにはどうしたらいいか悩んでいませんか?

242ページ参照

「プロジェクト」の遂行は、社内外の複数の人との共同作業になるのが普通です。また、複数のプロジェクトが同時並行的に進むこともよくあります。そうしたプロジェクトを確実にこなすにはどうしたらいいのか？　フランクリン・プランナーは、プロジェクトの効率的な遂行を支援します。

目標

第4世代の手帳をデジタルでも使いたいと思いませんか?

282ページ参照

パソコンあるいはPDAを使っているので、パソコンやPDA上でフランクリン・プランナーが使えないか？　そういう方のために、Web上で使えるオンライン・フランクリン・プランナーと、PDA版のフランクリン・プランナーを用意しました。

計画は立てた。でも、なかなか実行できない！

138ページ参照

計画は立てても、なかなか実行できない。よくあることです。フランクリン・プランナーの良さがわかっても実践できなければ、その役割は半分しか果たしたことになりません。実行するかどうかは自分との約束です。他人との約束を守ることができる人であれば、必ず実行できるはずです。

計画は立てても
なかなか実行
できないっ…
計画

手帳の中身は あなたの歴史と言えますか?

106ページ参照

「顔は男の履歴書」と言いますが、フランクリン・プランナーでは「手帳の中身はあなたの歴史」と考えます。フランクリン・プランナーは、単なるスケジュール管理を行うシステム手帳と異なり、「最も大切なこと」を実現するための長期目標や中間ステップ、そして毎日のタスクが記述されているからです。フランクリン・プランナーは人生の伴侶として「最も大切なこと」の実現を支援します。

スタート 1月1日
外語学院
8月10日
ゴール
12月31日

手帳を開くのが楽しいですか?

198ページ参照

本来、「最も大切なこと」を実現することは楽しいはずです。そして、手帳は「最も大切なこと」を実現するためのツールであるべきです。第4世代の手帳であるフランクリン・プランナーは、毎日手帳を開くことが楽しくなるようなやり方を提案します。

第1章

時間は管理できない。管理できるのは自分自身の行動だ！

時代によって進化するタイム・マネジメント・ツール（手帳）

限りある資源としての時間

仮に人間の一生を80年とすれば、70万時間となる。これが、生まれてから死ぬまでに使えるあなたの持ち時間だ。この70万時間のなかで、学び、仕事をし、出会い、恋愛し、結婚し、子供が生まれ、旅行に行き、病気になり、苦しみ、楽しみ、憎しみ、和解し、自分を磨き、怠惰になり、頑張ったりしながら、山あり谷ありの人生を送ることになる。しかし大半の人は、人生の終わりが来るということは頭でわかっていながらも、自分の時間が限りある資源だとは感じていない。

また、時間は一定に過ぎ去るというより、年齢やその時の状態によって、長くも感じ、短くも感じるのが普通だ。嬉しいときは短く、苦しいときには長く感じられる。しかし、人生の時間に限りがあるのは厳然たる事実。いつ終わるかわからないという限りある資源なのだ。ただ、終わりがいつなのかわからないのをいいことに、無為に時間を過ごしたり、毎日仕事に追われていてもあまり気にならない。

でも人生の締め切り時間がはっきりしていたら、時間は限りある資源だと実感していたら、多分毎

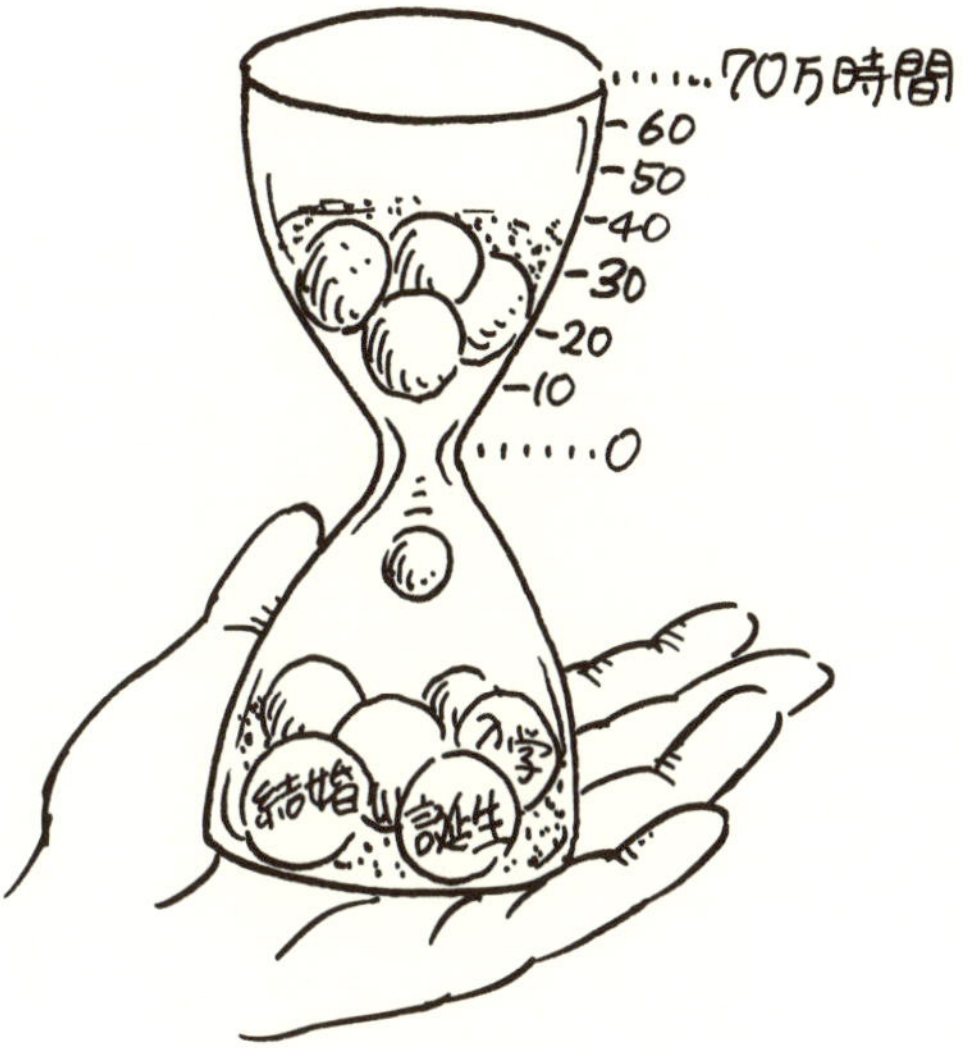

日の過ごし方は変わってくるはずだ。西洋の諺「時間が過ぎ去っていくのではない。われわれが過ぎ去っていくのだ」のように、何か行動しなければ、自分もそのまま過ぎ去ってしまう。つまり、時間は管理できないのであり、管理できるのは自分自身の行動に過ぎないのだ。

人生の時間が限りある資源だと自覚できるかどうかが、今後のあなたの生き方を大きく左右するはずだ。時間を「有意義に過ごすこと＝行動すること」も、「無為に過ごすこと＝行動しないこと」も自由。時間の過ごし方はあなたの裁量に任されている。

締め切りや約束に追われる現代人

現代人はともかく忙しい。「現代は時間飢饉の時代」と言われているくらいだ。人々はどこでもより少ない時間でより多くのことをやろうと懸命である。会社では上司に「早く仕事をして結果を出せ」と毎日のように催促される。

家庭では、仕事と子育てを両立させようと、なりふりかまってはいられない毎日が繰り返される。そして、新しい情報が、まるで突風のように、目まぐるしく通り過ぎていく。ここでは、時間を節約する仕掛けも、何の役にも立ちそうもないように思えてしまう。

締め切りや約束の時間に追いまくられ、「時間飢饉」は、誰に対してものべつまくなしに襲いかかる。スケジュールがびっしり書き込まれた手帳を恨めしげに見つめ、「いつからこんなことになったんだ。もう見たくもない」と思いながら、手帳なしに暮らすことなど思いもよらない。時間泥棒が時間を奪っているようだ。いつからこんなことになったのか?

仕事のスタイルが大きく変わってきたのだ。何より仕事の内容が同じことの繰り返しではなく、多様化、複雑化した。また1つの仕事のサイクルが変わり、複数の仕事を同時にこなさなければならなくなった。さらに多くの人と連携しながら、共同で行うことが増え、仕事のなかに不確実で可変的な要因が大きく増大した。

こうした結果、スケジュール管理は、人間の能力を超えてしまうようになってしまったのである。そこで、多くの人が、「手帳を見たくない」と思うのは当然と言えるだろう。しかし、だからこそ手帳が重要となる。もし人の意欲や生きる目的を引き出してくれる手帳があったなら、人生は大きく変わる。手帳1冊で人生が変わる可能性があるのだ。

予定を単純にメモる第1世代の手帳

では、人々はどのようにして、スケジュール管理を行っているのだろうか？　通常、スケジュール管理のやり方は、3つのパターンに分けられる。一番目は手近にある物にメモること。2番目は、時間軸の入った手帳に予定を書き入れること。そして3つ目が、目標を設定し、優先順位をつけて、スケジュールに入れるやり方である。

最も初歩的なやり方は、ともかくメモることである。ノート、小さく切ったメモ用紙、そしてポストイットのような付箋、忙しくなると手の平や手の甲にまで予定を書き込んでいく。

さらにその予定を管理するために、チェックリストを作る場合もある。そうしたやり方では書き込んだ予定が完了すると、メモを一つずつ捨てていくか、リストをチェックし、すべて完了したらリストそのものを捨てていくのである。

このやり方では、予定に関する自分自身のさまざまな要求を認識し、それを整理しておくことが可能にはなるが、予定が立て込んでくると混乱を来しかねない。メモやチェックリストを使って、実行し終わった項目をリストから消すたびに、達成感を味わうことはできるが、大切なことをこなすことまでには至らない。

多くの人がこの方法で自己管理を行おうとする。それは、あるがままの自分に最も抵抗の少ない道であり、無理を感じることなく流れのままに生活できるからである。しかし、多忙ななかに身を任せているという時間に対する飢餓感は、残念ながら一向に改善されないのだ。

第1世代の手帳
とにかく
メモる

スケジュールを管理する第2世代の手帳

現代において最も一般的なやり方が、「カレンダー」や「スケジュールを書き入れる手帳」に書き込むやり方である。ビジネス手帳に代表されるスケジュール手帳が日本で利用されるようになったのは、タイムレコーダーの大量普及が始まった昭和20年代後半の経済再建期である。

戦後、経済復興を目的として数多くの視察団が欧米に派遣され、生産管理技術の導入が図られた。その視察団が持ち帰ったなかに、「時間目盛り入り手帳」があったのである。それ以来、時間目盛り入りのスケジュール手帳は国内で広く普及、1980年代後半にはシステム手帳ブームとも相まって、ビジネス用だけでなく、若者や子どもたちの間でまで広く利用されるようになっている。

このスケジュール手帳に書き込むやり方は、単純に予定を書き込むだけではなく、1週間、1カ月という先を見据えて、将来のさまざまな出来事や活動をスケジュール化しようとする意志を持ったものとなる。

第1世代に比べると、このやり方によって、少しは生活をコントロールできるようになる。前もって計画をし、決まった時間に約束した場所に行くので、周りからは責任感がある人間として評価される。

しかし、ここでも、スケジュールに入れた活動自体に優先順位があるわけでもないし、深い価値観との意識的なつながりがあるわけでもない。そのため、有意義な目標を達成することは少なく、日々のスケジュールをこなすことだけに集中してしまうことが多いのが現実である。

第2世代の手帳

6月
日 月 火 水 木 金 土
1
2 3 4 5 6 7 8
9 10 11 12
16 17 18 19
23 24 25 26
30
会議
2:30

B氏との
打ちあわせ12日11時

目標設定と優先順位付けを行う第3世代の手帳

社会構造の変化もあり、ますます多忙になる現代にあっては、仕事を能率的にこなしていくことは重要だが、それだけでは十分ではない。例えば、交通機関のスピードアップによって日帰りで出張可能なエリアが拡大し、かえって忙しくなった。

この忙しさは、能率向上だけでなく、仕事のやり方自体を変えなければ解決できない。こうしたなかで、登場したのが単純なスケジュール管理を超えた第3世代の手帳である。

第3世代では、「メモやチェックリストを作成する」「カレンダーや手帳にスケジュールを書き入れる」という今まで見てきた2つのやり方に、「目標設定と優先順位付け」を加えて行動を管理する。

ここでは、その人の到達すべき具体的な目標を設定し、それをベースに半年、1カ月、1週間と具体的な行動を促すような中間ステップを設定する。そしてそれに基づいて、毎日のタスクや行動を設定、具体的に実行していく。また、目標の設定から日々の行動まで、やり遂げたいことをすべてリストアップし、その項目の重要度を測り、優先順位の付いた実行項目のリストを作成する。

このように、優先順位付けを行い、その順位に従って行動し、そこに時間とエネルギーを集中させることによって、日々の煩雑なタスクも単なるスケジュール管理を超えて、目標の達成に向けた行動を実行するという考え方である。

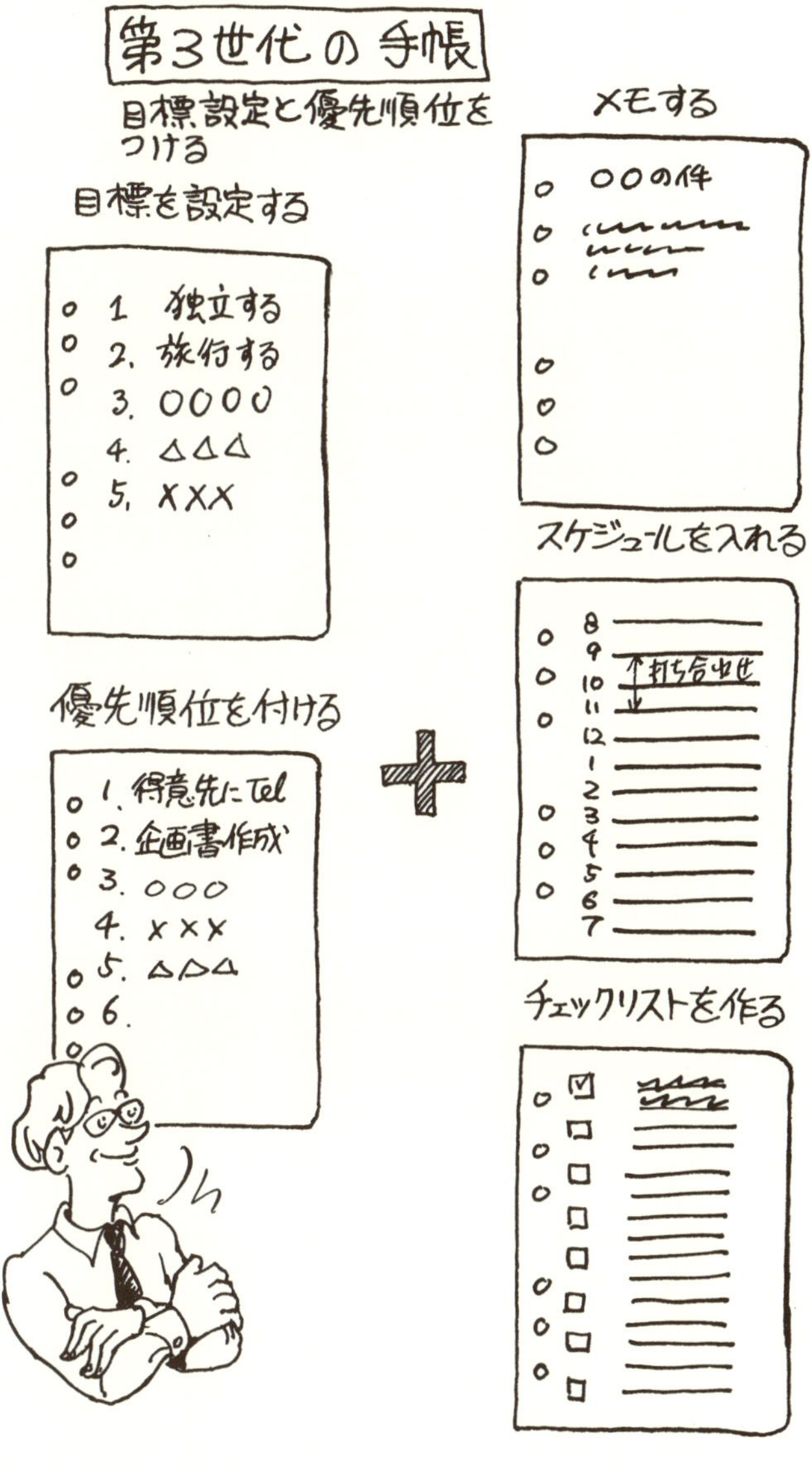
第3世代の手帳
目標設定と優先順位をつける
目標を設定する
1. 独立する
2. 旅行する
3. ○○○○
4. △△△
5. ×××
優先順位を付ける
1、得意先にTel
2. 企画書作成
3. ○○○
4. ×××
5. △△△
6.
メモする
○○の件
スケジュールを入れる
8
9
10
11
12
1
2
3
4
5
6
7
打ち合わせ
チェックリストを作る

ストレスを増やしてしまう第3世代手帳

溜まるストレスと一向に解決されない矛盾

第3世代の手帳で生活を管理する人は、それ以前の2つに比べると大きな進歩を遂げている。それは目標を設定し、そして毎日計画を立て、行動やタスクに優先順位を付けているからである。

しかし、このやり方にはいくつかの限界がある。まず何よりも、立てた目標と優先順位が付けられたタスクに対して十分納得しないままに、行動している場合がほとんどだからだ。つまり、自分にとって「本当にやりたいことが何なのか」を明らかにしないまま、目標とタスクを設定しているのである。加えて、生活のなかでの役割をバランスよく管理する方法が用意されていない。むしろ、それまでよりも一層能率的にチェックリストの中身をスケジュール化したという側面が強い。

その結果、使っている人は日々のスケジュールを必要以上に詰め込んでしまう。そのことによって逆にストレスが溜まり、ついには燃え尽きてしまったり、緊急に発生する事態に追われてしまうということになりかねない。この能率主義的な第3世代の手帳は、仕事や生活のなかの人間関係にストレスだけを増やしていくことになりがちである。

その結果、最近では手帳そのものを使うのを嫌がる人が増えている。自分は時間によって縛られていると感じ、より豊かな人間関係の構築や自発性を発揮して、充実した生活を送るために進化してきたはずの手帳から、メモ書きや単純なスケジュール管理のやり方に退化してしまう。その結果、日々のタスクは自分の本来の目的とはかけ離れたものとなり、何の充実感もないまま、ただ時が過ぎていくだけになってしまうのである。

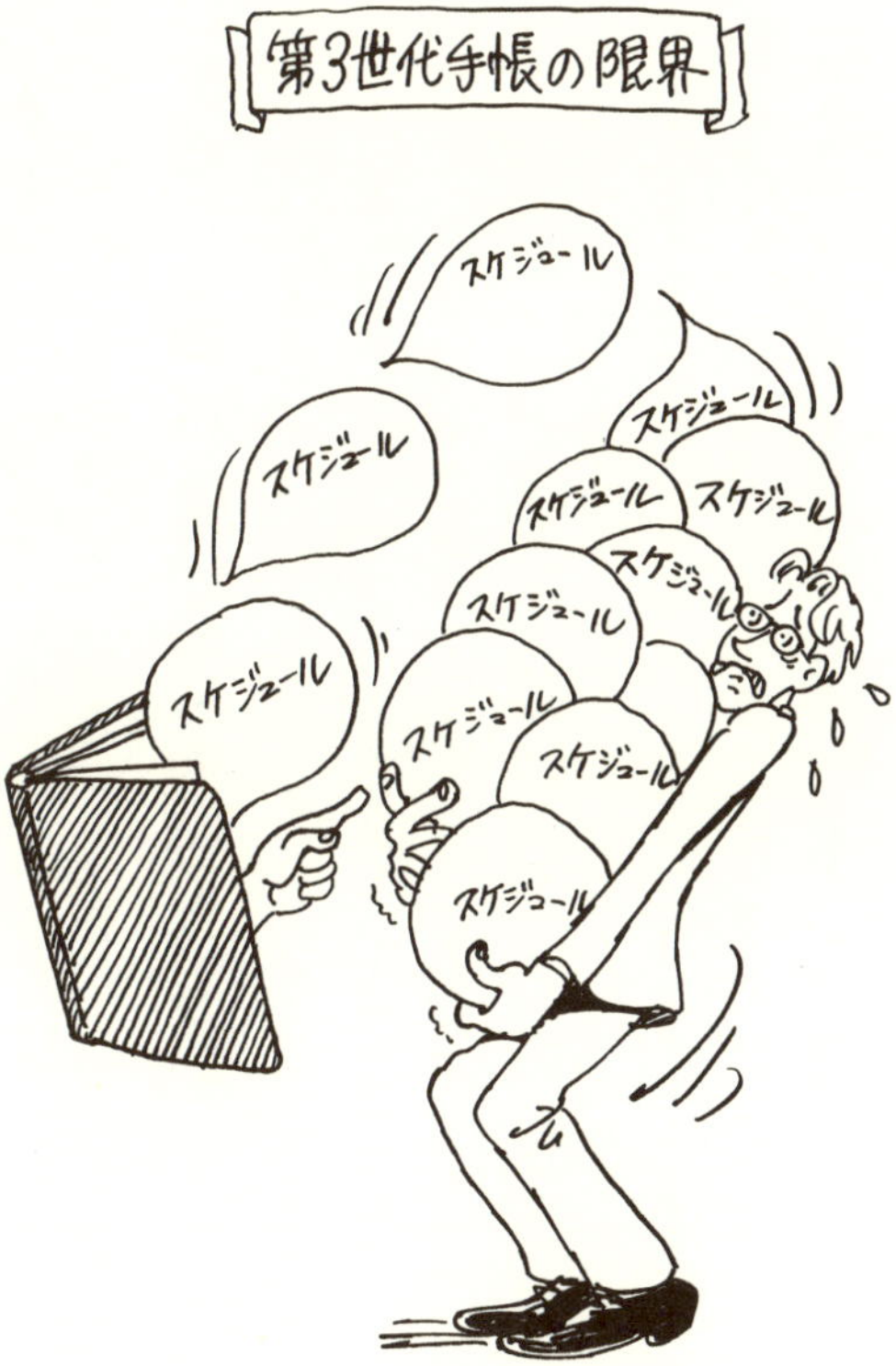

時間に縛られない生活と世界は、遠い過去の話ではない

能率を重視した第2世代の「時間目盛り入り手帳」が使われるようになった昭和20年代半ばの日本においても、ゆるやかに時が流れる生活がなお存在していた。民俗学者・宮本常一が調査に訪れた昭和25年の対馬では、村で何かの取り決めを行う場合、みんなが納得のいくまで話し合う。夜もなく昼もなく、話はあっちへ行ったりこっちへいったり、メンバーも途中で出て行ったり戻ってきたりである。

「第一農家はほとんど時計を持っていない。仮にあってもラジオも何もないから一定した時間はない。小学校に行っている子のある家なら多少時間の観念はあるが、一般の農家ではいわゆる時間に拘束されない。私は旅の途中で時計を壊してから時計を持たない世界がどういうものであったか知ったように思った」(宮本常一『忘れられた日本人』)

このことは時間に縛られない自由な生活と世界が、そう遠くない過去に存在していたことを窺わせてくれる。しかし、現代に生きる私たちはもはや、その世界に戻ることはできない。そう考えた時、スケジュール管理を効率的に行うことに帰結してしまう第1世代から第3世代までの手帳に代わる、全く新しい手法が必要とされているのである。

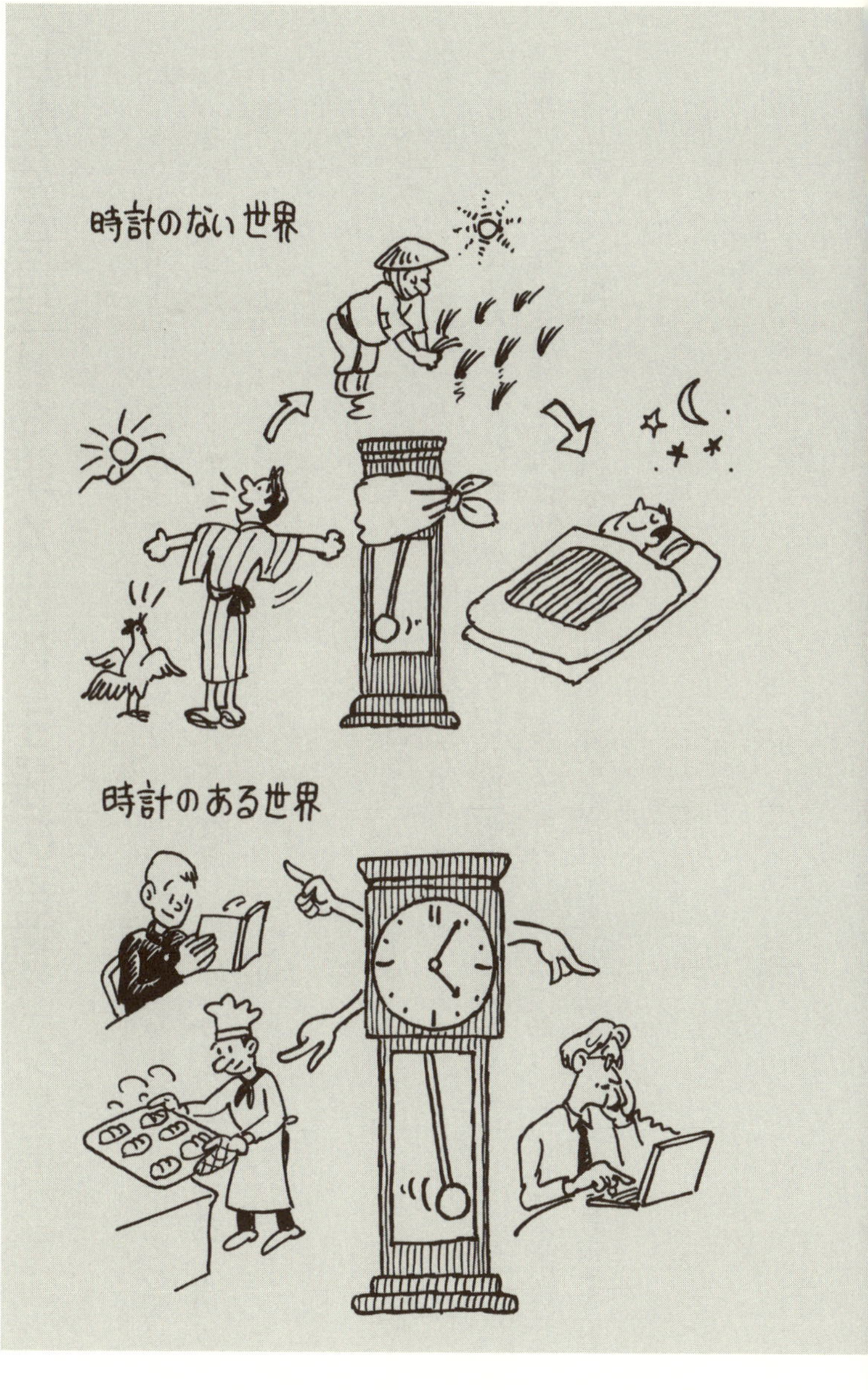
時計のない世界
時計のある世界

行動を管理する第4世代手帳の登場

現在、多くの人が採用している第3世代以前の手帳は、忙しい毎日のなかでスケジュールを必要以上に詰め込んでしまい、ストレスをため込んでしまう。そしてその結果、タイム・マネジメントの本来の目的である「時間をコントロールすることによって、人生をコントロールする」ことが、どこかに行ってしまうという限界をみてきた。

では、どうすればよいのだろうか。

新たなタイム・マネジメントの出発点は、「時間は管理できない。管理できるのは自分自身の行動だ」と考える点にある。新しいやり方では、時間は管理できるものではないと考える。タイム・マネジメントにおいて、これは大変な逆説であるが、少し考えてみればすぐに納得がいく。

つまり、自分が唯一管理できるのは時間ではなく、自分自身の行動なのである。第4世代の手帳は、この点に立脚し、時間を管理するのではなく、自分自身の生活を効果的に管理することを目指そうとする。

第4世代の手帳
時間ではなく行動を管理する。
NO!

第4世代手帳となるための4つの条件

第4世代の手帳は、毎日の優先事項を決めるだけでなく、人生における「最も大切なこと」（後述）に基づいて、自分自身の行動を管理するためのツールである。スティーブン・R・コヴィーは『7つの習慣』（キングベアー出版）のなかで、第4世代タイム・マネジメントの条件である4つのポイントを述べている。

まず、第1の特徴は、「一線化（アライメント）」である。

第4世代タイム・マネジメントは、第3世代のように、単に目標を設定するのではなく、自分自身にとって「最も大切なこと」を発見することに主眼をおく。「最も大切なこと」と自分自身の計画と行動を、一線化した上で、調和できるようにする。そして、長期的な目標の立案や優先事項やタスクの設定も、こうした一線化のもとに行おうとするのである。

第2の特徴は「役割のバランス」である。

私たちは、会社員だけでなく、夫であり、父親であり、学校の役員など、複数の役割を果たしている。一つの役割だけに時間を割いてしまうと、他の役割を果たすことはできない。会社での成功が、家族の崩壊、健康の喪失などをカバーすることはできないのだ。

本当に充実した生活を送るためには、会社員としての役割、家族のなかでの役割、地域社会での役割など、すべての役割のバランスを生み出すことが必要である。第4世代タイム・マネジメント・ツールは、役割のバランスをとることを可能にする。

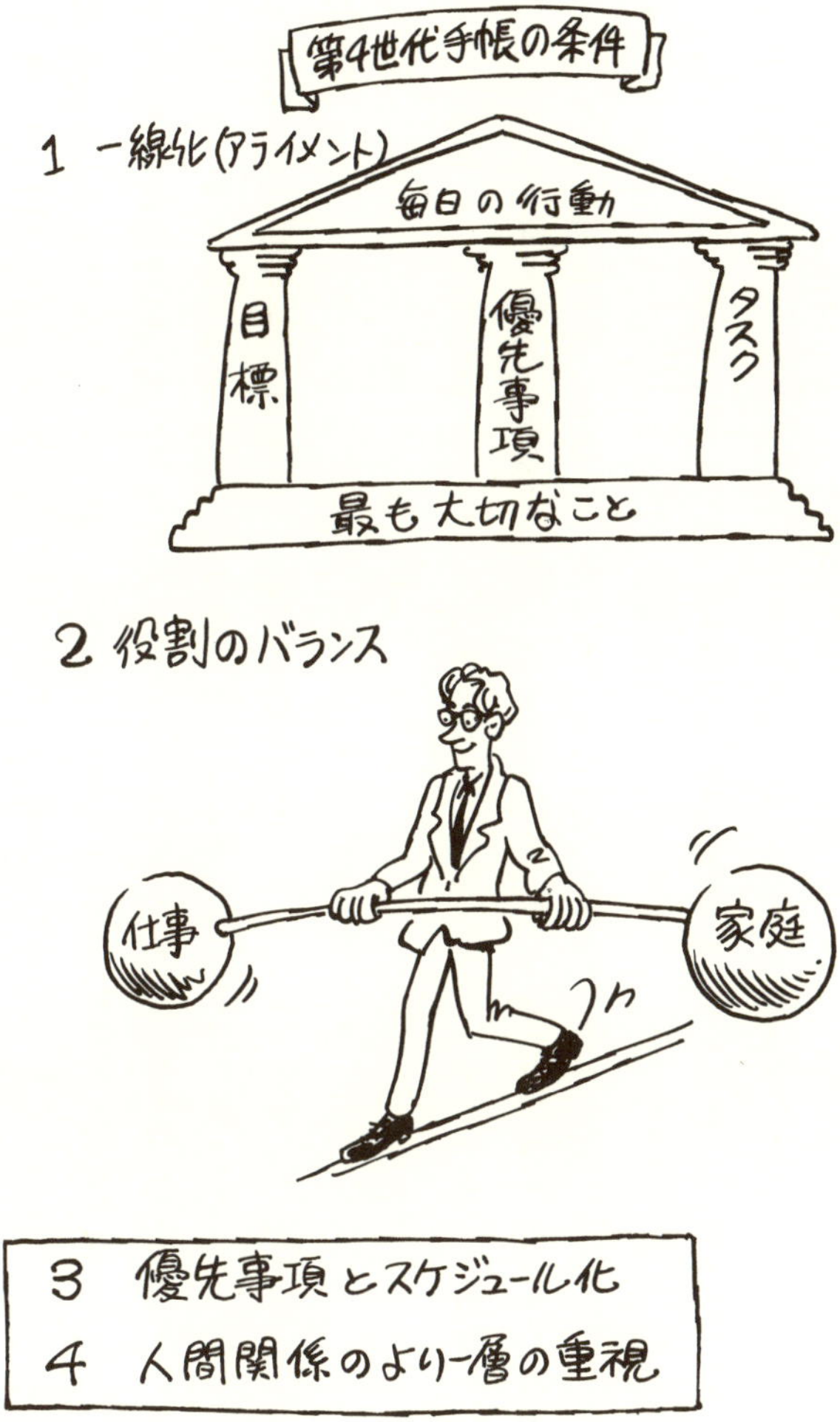

第3の特徴は、「優先事項をスケジュール化する」ことである。

大切なことは、スケジュール化された課題に自分の優先順位をつけることではなく、「自分にとっての優先的な課題や事柄をスケジュールに入れる」こと、つまり、緊急な問題を処理するのではなく、緊急でないために後回しにしがちだが、充実した人生を送るための重要な事柄を優先することである。

人間関係作りや健康維持、さまざまな準備や計画は時間を割いて取り組まなければならない事柄である。第4世代の手帳では、自分にとっての優先事項をスケジュール化することによって、緊急に対処しなければならない事柄を事前に予知・予防し、緊急事項を減らすことができる。

第4の特徴は「人間関係のより一層の重視」である。

いくら優先事項からスケジュール化して、実行しようと考えても、さまざまな人間関係のなかで生きている私たちは相手の都合で突発的な出来事が発生する。その場合に、自分の決めた優先事項だけを実行して、相手の意向や予定を無視するわけにはいかない場合もある。

その時、あなたはスケジュールどおりに実行できなかったとしても、罪悪感や自己嫌悪を感じる必要は全くない。タイム・マネジメントが、単純で効率的な時間管理ではなく、人にとって大切な人間関係について考えさせてくれるものになっていれば、スケジュールはその人のニーズに合わせなければならない。自分にとって大切な「人間関係作り」を優先させることが大事なのである。

第4世代の手帳は、こうした4つのポイントに基づいて、あなたが自らの行動を管理し、「最も大切なこと」を実現する。

1 一線化（アライメント）
2 役割のバランス

3 優先事項のスケジュール化

スケジュールの優先度

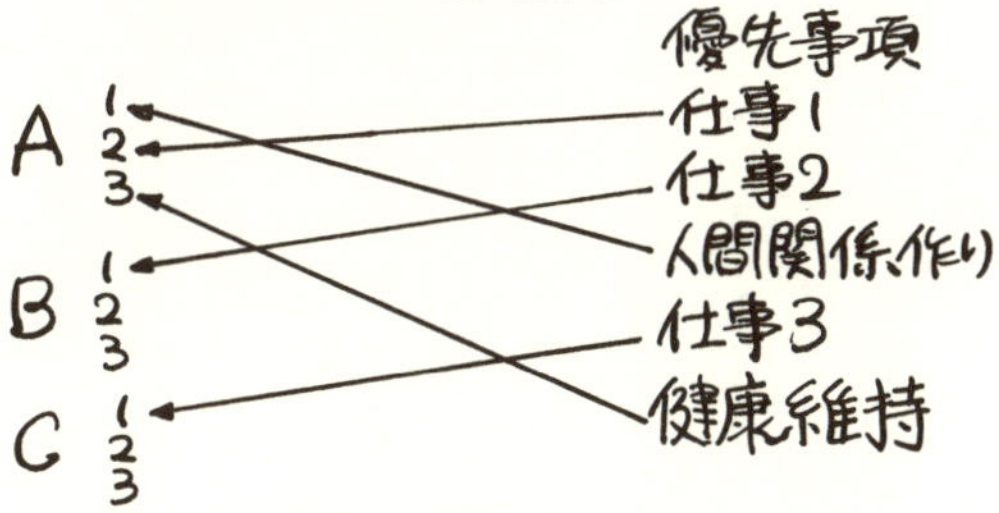

4 人間関係のより一層の重視

第4世代手帳で得られる充実感と達成感

第4世代の手帳は、人生の「最も大切なこと」に基づいて、タスクや優先事項を決めていくため、仕事以外の予定も日々の計画に落とし込んでいく。これによって、あなたは生活のなかでの役割をバランスよく管理できるようになる。

また、緊急に対処する事柄だけではなく、人間関係作りや健康維持など、さまざまな準備や計画のために時間を割いて取り組むことができるようになる。さらに、どんなに深く考えて計画を立てたとしても、緊急なことが、発生するのは避けられない。第4世代の手帳であれば、「最も大切なこと」から「一線化」した上で、役割の「バランス」を取り、「優先事項をスケジュールに入れて」行動すれば、重要事項を優先するために、スケジュールの変更も平穏な気持ちで行える。

その結果、あなたの行動はバランスのとれたものとなり、すべての行動を自分で納得して行うことになる。このようにして、「最も大切なこと」が日々の生活のなかで、実現に一歩一歩近づいていくことによって、あなたはストレスに追われることもなく、第3世代までの手帳では決して味わうことのできない、充実感と達成感を得ることができるのである。

充実感
達成感
心のやすらぎ
一線化
役割のバランス
優先事項のスケジュール
人間関係の重視
最も大切なこと

第2章

フランクリン・プランナーこそ第4世代の手帳だ！

人生を変える手帳＝フランクリン・プランナーとは？

4つの要素を実現するフランクリン・プランナー

フランクリン・プランナーは、第4世代タイム・マネジメントがもたらすメリットを最大限、効果的に実現するために考案された手帳である。

フランクリン・プランナーは、「あなたにとって最も大切なこと」の発見を手助けし、個人、組織の一員、そして家族と多面的な役割を持っているあなた自身のミッション（人生の目的・使命）の創出をサポートする。そして仕事やあわただしい日常生活のなかでも、「最も大切なこと」とそれに基づいた長期目標達成に向けての計画と日々の行動を実現できるようにする。また、日々の行動や計画だけでなく、あなたの人生を導き、充実したものにしていく羅針盤の役割を果たす。フランクリン・プランナーによって、あなたは第4世代タイム・マネジメントの世界に入ることができるのである。

フランクリン・プランナーで見つけた人生設計

外資系旅行情報システムのガリレオジャパン株式会社西日本地区支配人の杉本孝行さんは、10年間ほど他のタイム・マネジメント・システムを使ってアポイントスケジュールの入力などに利用してきたが、会社での立場が変わっていくなかで、単にスケジュール管理だけでは満たされないと考えるようになった。そこで2年間ほどパソコンでのＰＩＭ（Personal Information Manager）なども試してみたが、満足できず、一旦手書きの世界に戻ってみようと考え、フランクリン・プランナーを使い始めた。他のシステム手帳と違って、バインダーやサイズなどが豊富に揃っており、各種リフィルも使いやすくて馴染みやすいものだろうと考えたこともフランクリン・プランナーを選んだ理由だった。

杉本さんはフランクリン・プランナーを使うようになって、目的意識を自分自身に植え付けられるようになったことが大きいという。各種プロジェクトの進行状況のフォローアップも必ず行えるし、また終わった後の

データなどをまとめて記録するなど、ビジネスとプライベート全般に対して流れで追っていけるようになったことが、以前のタイム・マネジメント・システムと比べての大きな変化である。

「最初、コンパクトサイズから使いだしたのですが、ビジネス用に使うにはボリュームが不足していることに気づき、コンパクトをやめてクラシックサイズに乗り換えようとしました。そこで、それぞれの特徴をいかそうと考えた結果、プライベートとビジネス用に2冊のプランナーを並行して使う方法を見いだし、現在、クラシックはビジネス、コンパクトはプライベート中心となっています。二つに分けることに多少の不安はあったのですが、うまく使い分けができています」

杉本さんは、以上のようにクラシックはビジネス全般、コンパクトはプライベート主流という基本線で分けている。ビジネスの場合、プロジェクト管理、スケジュール管理はもちろん、会議録も一緒に管理している。一方プライベート用のコンパクトは、子供の学校行事や家庭の行事など、プライベート全般を管理するだけでなく、人生の目標など自己を管理する部分で使っている。もちろん、ビジネスとプライベートはきれいに切り分けられないことも多く、業務中にプライベートの案件などが出先で発生するケースもあるので、クラシックにプライベートのことが入ってきたり、その反対のケースもある。しかし、その辺にはこだわらないようにして、気軽に使っている。

フランクリン・プランナーは子どもにも役立てることができるのではないかと杉本さんは言う。子供の教育面から見ると、文字や文章は手で書かせたい。中学生くらいから、ポケットサイズなどでスタートさせるようにして、情報の共有、報告の習慣などがつけられるようになれば、教育にも効果的ではないかと考えている。ただでさえパソコンで文字を入力することが日常茶飯事になっているなかで、自分の手で書いたものであれば、頭のなかに入りやすく、記憶する力をサポートしてくれるはずだ。

杉本さんは、文字を書くのが苦痛でなくなってきたという。仕事柄、文書のやりとりなど大半をパソコンでこなしており、物忘れもひどくなってきたと思っているなかで、フランクリン・プランナーにしてから手書きが増え、頭の隅にいろいろな情報が確実に残るようになった。

「ミーハー的な考えですが、いろいろなデザインを気に入るまで探し求めて、自分にしっくり合うものが見つかるように投資することが、フランクリン・プランナーを長く使い続けるコツだと思います。まじめに考えすぎて、例えば一旦選んだサイズやデザインにこだわってしまうと、長続きしない気がします。また、失敗してもいい、極端にいうと一カ月くらい白紙ブランクになっていてもいい、という柔軟性も必要だと思っています」

杉本さんは最初、単にスケジュール管理だけに使い始めていても、自然にプランナーそのものに引っ張られて、そのうちにあれもやってみよう、これもやってみようということになると確信をもって言います。

「私にとって、フランクリン・プランナーは、人生の半ばになってようやく見つけた『人生設計の杖』です。日本ではまだ大きな手帳をもっていたりすると、珍しがられることもありますが、米国などではどこにでもある普通の出来事です。そうした人目を気にすることなく、自分の信念で使うことが大切だと思います。また、ビジネスマンのものという見方も強いのですが、学生や主婦などもスケジュール管理が目的ではない、自分の人生管理（ガイダンス）のために使える道具なのだと考えることができると思います」

2100万人が使っているフランクリン・プランナー

スターター・キットから始めよう

第4世代のタイム・マネジメントを実践するには、必ずしもフランクリン・プランナーを使う必要はない。現在、あなたが使っている第3世代のシステム手帳であっても、本書が紹介している方法で自分の行動を管理できれば、「最も大切なこと」を実現できるはずだ。

しかし、フランクリン・プランナーは、最初から第4世代の手帳として設計されており、目的別に用意されたリフィルに記入するだけで、「最も大切なこと」に近づくことができる。だから、これから人生を変えたいと思うのであれば、あなたのライフ・マネジメントに対して考え尽くされた第4世代の手帳であるフランクリン・プランナーへ移行した方が使いやすいはずだ。

フランクリン・プランナのスターター・キットは、大きく分けて、バインダー、スターター・パック、リフィル、そして保管用バインダーの4つの部分から構成されている。スターター・キットには、日課のリスト、長期目標や自分の価値観など、タイム・マネジメントに必要なすべてのリフィルがセットされている。これらを用いることによって、誰でも第4世代タイム・マネジメントを活用できる。

現在アメリカだけでも、約7000社以上がフランクリン・プランナーを採用し、全世界で2100万人以上の人が使っている。そして、それらの企業では社員の意識改革に大きな成果を上げている。

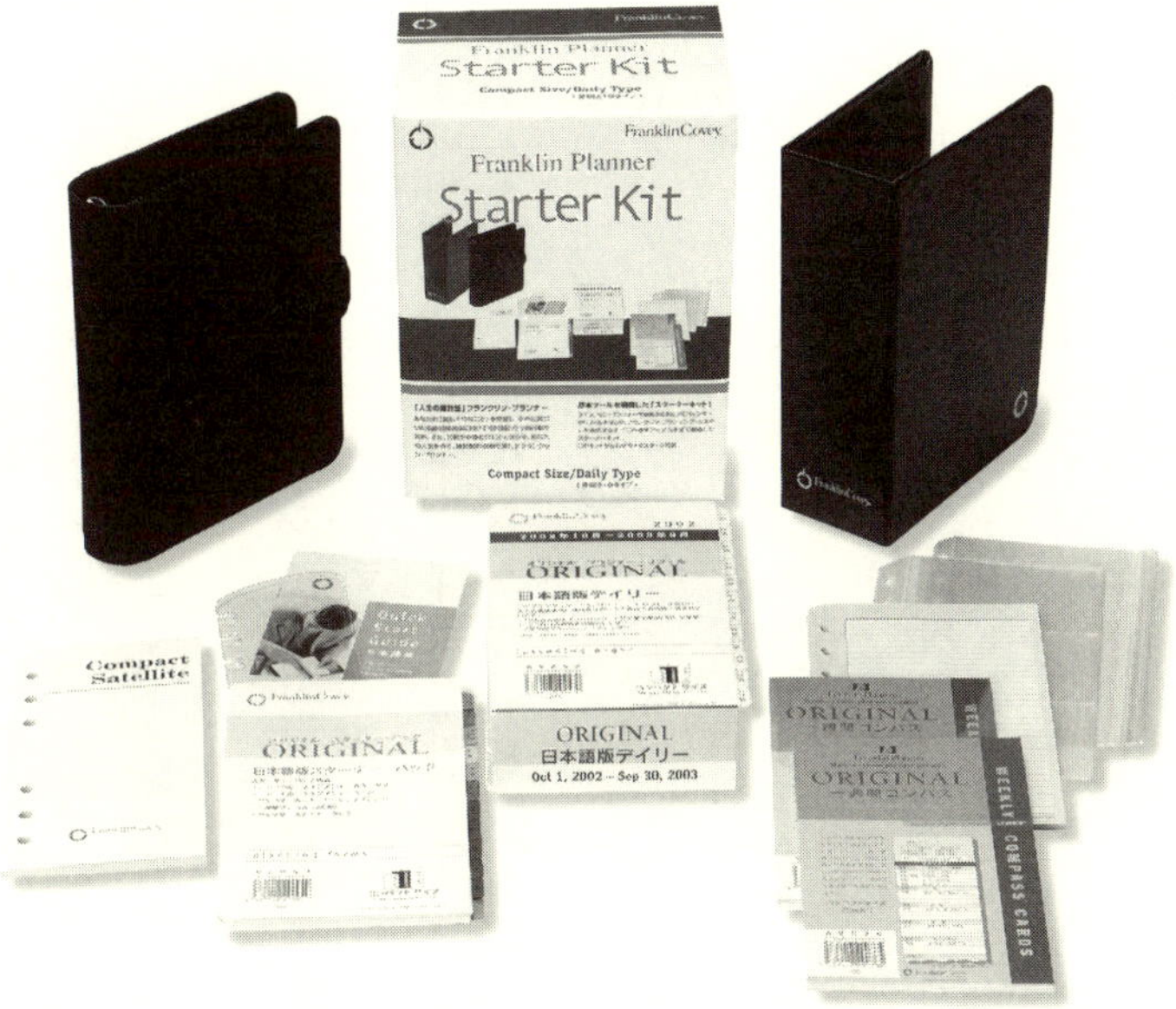

スターター・キットの中身

ライフスタイルに合わせた豊富なサイズとデザイン

フランクリン・プランナーは毎日使うことによって、効果を発揮できる実践的なツールである。そのため、あなたが自分自身のライフスタイルに最適なプランナーを選べるように、豊富なサイズとデザインを揃えている。

まず、サイズ。フランクリン・プランナーは、あなたが常時携帯できるように「ポケットサイズ」「コンパクトサイズ」そして「クラシックサイズ」の3種類を用意している。ポケットサイズは（153ミリ×89ミリ）6穴、コンパクトサイズは（172ミリ×108ミリ）6穴、クラシックサイズ（216ミリ×140ミリ）7穴で、コンパクトサイズは一般的なシステム手帳のバイブルサイズ（171ミリ×93ミリ）と互換性がある。

さらにバインダーはデザインやサイズにより、3種類のリングサイズを用意している。それぞれ最適なリングサイズを選ぶことができる。また、ファスナータイプとオープンタイプの2種類がある。

リフィルのデザインには、シンプルなオリジナル・デザイン（日本語／英語）、落ち着いた大理石模様のモンティチェロ（英語）、四季の彩りを表現したシーズンズ（英語）、そしてリーダーのために考案されたリーダーシップの4種類がある。

好みに合わせてリフィルのデザインを選ぶことができる

バインダーは、オープンタイプやファスナータイプ、ポケットサイズ、コンパクトサイズから選ぶことができる

「最も大切なこと」の達成は3つのステップで行う

あなたにとって「最も大切なこと」を達成するには、次の3つの段階を踏む必要がある。

1. 「最も大切なこと」を発見する
2. 「最も大切なこと」を達成する計画を立てる
3. 「最も大切なこと」に基づいて実行する

この3つのステップは、左図のようにピラミッドの形をしている。古代エジプト王朝時代に作られたピラミッドは土台が安定しているために、何千年にもわたって風雨にさらされても、作られた時そのままの形でそびえ立っている。ピラミッド形といわれている、上部先端が尖り、下に行くほど広がっているこの形は、まさに耐久性と安定感を象徴しているのだ。

あなたもこの「発見」「計画」「実行」という3つのステップに沿って、ライフプランを作成すれば、ピラミッドと同じように、これからの人生のための揺るぎない土台を築くことができる。この3つのステップを意識していれば、あなたは人生において、何が「最も大切なこと」であるかという観点から見ることが可能になり、大切でないものを省き、大切なものに時間を割くことができるようになる。

こうして、「最も大切なこと」を発見、計画、実行することによって、多くの人にとっては理想としか考えられない事柄を達成し、自分にとって最も望ましい生き方を実現することができるようになる。

　フランクリン・プランナーは、「最も大切なこと」を「発見」し、「計画」を立て、そして「実行」するプロセスを実現する要素がすべて含まれている。フランクリン・プランナーを使えば、あなたは「生産性のピラミッド」の土台から頂上に向かって登っていくことになるのだ。

「最も大切なこと」を発見する

第1のステップは、自分にとって「最も大切なこと」を発見すること。

そのために、あなたはなにも特別な経験をする必要はない。「最も大切なこと」を発見し、それに沿って生きていく力を育てていくのは、日々の平凡な生活のなかにあるからだ。

しかし、突然「あなたの人生の目標は何ですか」と質問されても、すぐ答えることはできないだろう。「最も大切なこと」は、あなたが日々感じることのなかから、長い時間をかけてトレーニングしながら発見していくものなのだ。

ここで、あなたの「最も大切なこと」を発見する上で、役に立つと考えられるいくつかの質問をすることにしよう。

・あなたがこれからの仕事のなかで、実現したいと考えていることは?
・今度はあなたのプライベートのなかで、それをすれば素晴らしい結果をもたらすと思われることは?
・毎日の生活のなかで、あなたが気を付けていることは?
・では、あなたの私生活で最も価値があると考える活動は?

・これからの人生で、あなたがやりたいと思うことは？

・今、あなたに充分な時間があれば、誰と何をしたい？

・あなたの理想とする人生とは、どのようなことを成し遂げた人をイメージする？

どうだろうか。いろいろと思い浮かぶことがあるに違いない。真のタイム・マネジメントの最大のポイント、自分にとって「最も大切なこと」の発見は、ここからスタートする。

「最も大切なこと」を計画する

「最も大切なこと」が見つかったら、第2ステップの計画の段階に移る。「最も大切なこと」の実現に時間を使うために、毎日の生活をどのように計画していったらいいのだろうか。「最も大切なこと」に基づいて、達成可能な目標を設定する。

まず、フランクリン・プランナーの「目標」ページに、ステップ1で発見した「最も大切なこと」を書き込み、それに沿った長期目標を設定する、さらに長期目標達成のために、何が必要かを中間ステップとして書き加えていく（詳しくは第3章184ページ参照）。

長期目標ができれば、次は具体的なタスクの設定である。これには、たくさんのツールが用意されている。まず、月単位の課題設定を行う「月間主要課題」ページ、日々のタスクを書き込む「デイリーページ」などが用意されているので、それぞれのタスクをいつまでに実行していくかを決めていく（詳しくは第3章184ページ参照）。

さらに、「一週間コンパス」は、あなたが取り組む価値観や役割、目標を日々思い起こさせてくれるためのものである。これらは期限があったり、なかったりするので、週の初めに「目標設定」と「役割」の欄に、あなたにとって大切な役割や目標、価値観を復習し、目標を設定していく（詳しくは第2章124ページ参照）。

そして、最後に、毎日時間をとって、その日の実行計画を立てるのである。毎日のこのわずかな時間が、長期的に見ると莫大な時間を節約し、計画達成のための重要な役割を発揮することになるのだ（詳しくは第2章136ページ参照）。こうした一連のプロセスによって、「最も大切なこと」を計画していく。

インプットを変えなければ結果は変わらない

計画を立てる際に注意しなければならないのは、インプットを変えなければ結果は変わらないということだ。とくに、今までと違う結果を得ようと思って計画を立てる際には、インプットとアウトプットを考えるか考えないかで、結果は大きく違ってくる。

これは、パソコンを例にすればわかりやすい。同じキー操作を何回繰り返しても、同じ結果しか得られない。つまり、インプット（計画と実行）を変えなければ、アウトプット（結果）は変わらないのだ。

例えば、「クライアントとの関係を改善し、売上げを伸ばす」といった目標を立てたとしても、過去と同じような「訪問計画」や「提案計画」、また「推薦する商品内容」など、同じインプットをしてもアウトプットは変わるはずもない。あるいは、「過去にないような商品開発プラン」を作成するといったことでも、以前と同じようなリサーチやプランのプロセスを経てもアウトプットはほとんど変わらないはずだ。

今までとは違うアウトプットを得るには、過去の計画（長期目標からデイリータスクまで）を見直し、これまでとは異なる計画を立案し、それに基づいて行動を起こす必要がある。

新しい道
いつもの道

「最も大切なこと」を実行する

第3のステップは、「最も大切なこと」を実行に移し、それらを達成することである。

ステップ1とステップ2で、「最も大切なこと」を発見、それを達成するための計画を立ててきた。しかし、これらを理解しただけでは十分ではない。価値観や計画は実行に移されなければ、何の意味もないのだ。

フランクリン・プランナーは、日々の生活のなかで、「最も大切なこと」を達成していくための実践的なツールである。フランクリン・プランナーを使うことによって、あなたは「最も大切なこと」に基づいた生活ができるようになる。

あとはあなた自身が日々の生活を、フランクリン・プランナーに基づいて、主体的に送るようにすることだけである。それによって、あなたは生産性のピラミッドの頂点を極めることができるのだ。

実行
計画
発見

すべてを一カ所にまとめて生活をコントロールする

フランクリン・プランナーは、日々の生活のなかで、あなたが生活をコントロールできるように、ビジネス上必要なタスクやスケジュールやプライベートな予定、自分自身の目標からアドレスに至るまで、すべてを記入できるようになっている。

こうした事柄は、書き込む段階で正確に分類し、整理できる性格のものではない。すべてを書き込んでみて、その後に全体像が見えてくるのである。そのためには、まず一カ所に書き込むことが重要である。

また私たちの生活は、仕事、友人関係、家族など、切り離して考えられるものではなく、それぞれが関係しあい補完しあっている。だから、すべてを一カ所にまとめて書くことでバランスが見え自分自身が見えてくるのだ。

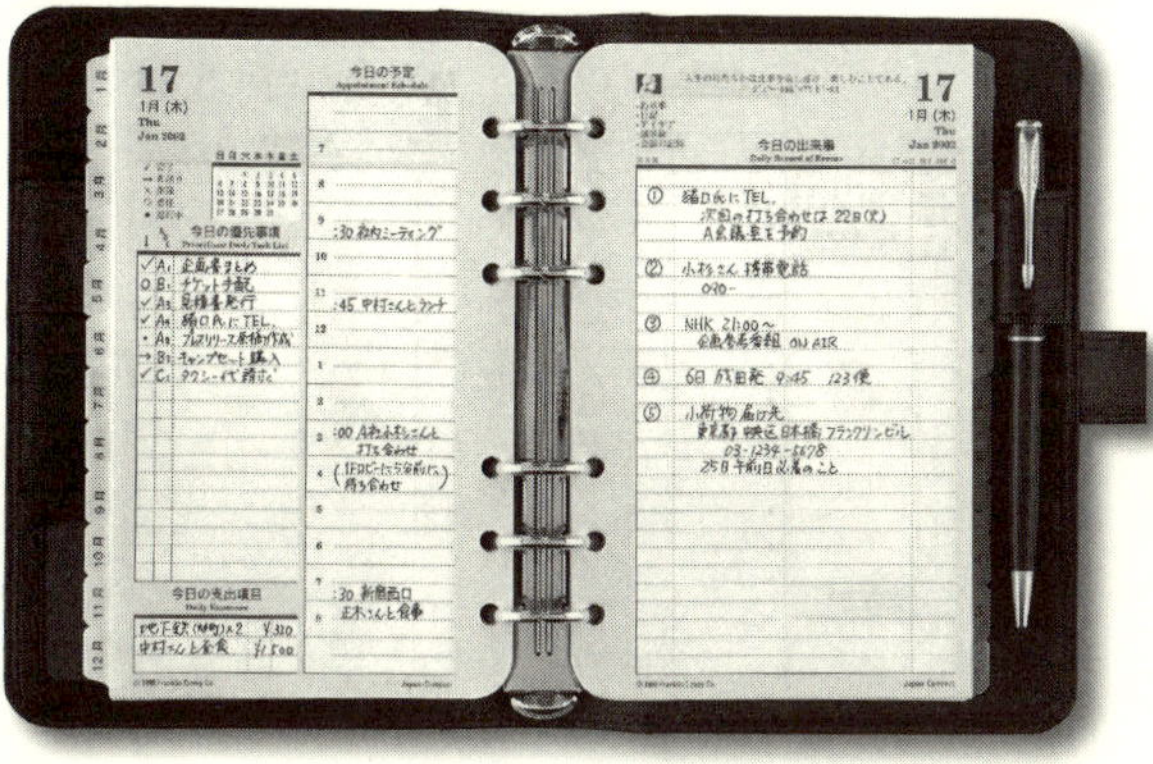

とにかく書くことが生活をコントロールするコツ
「デイリーページ」への記入例

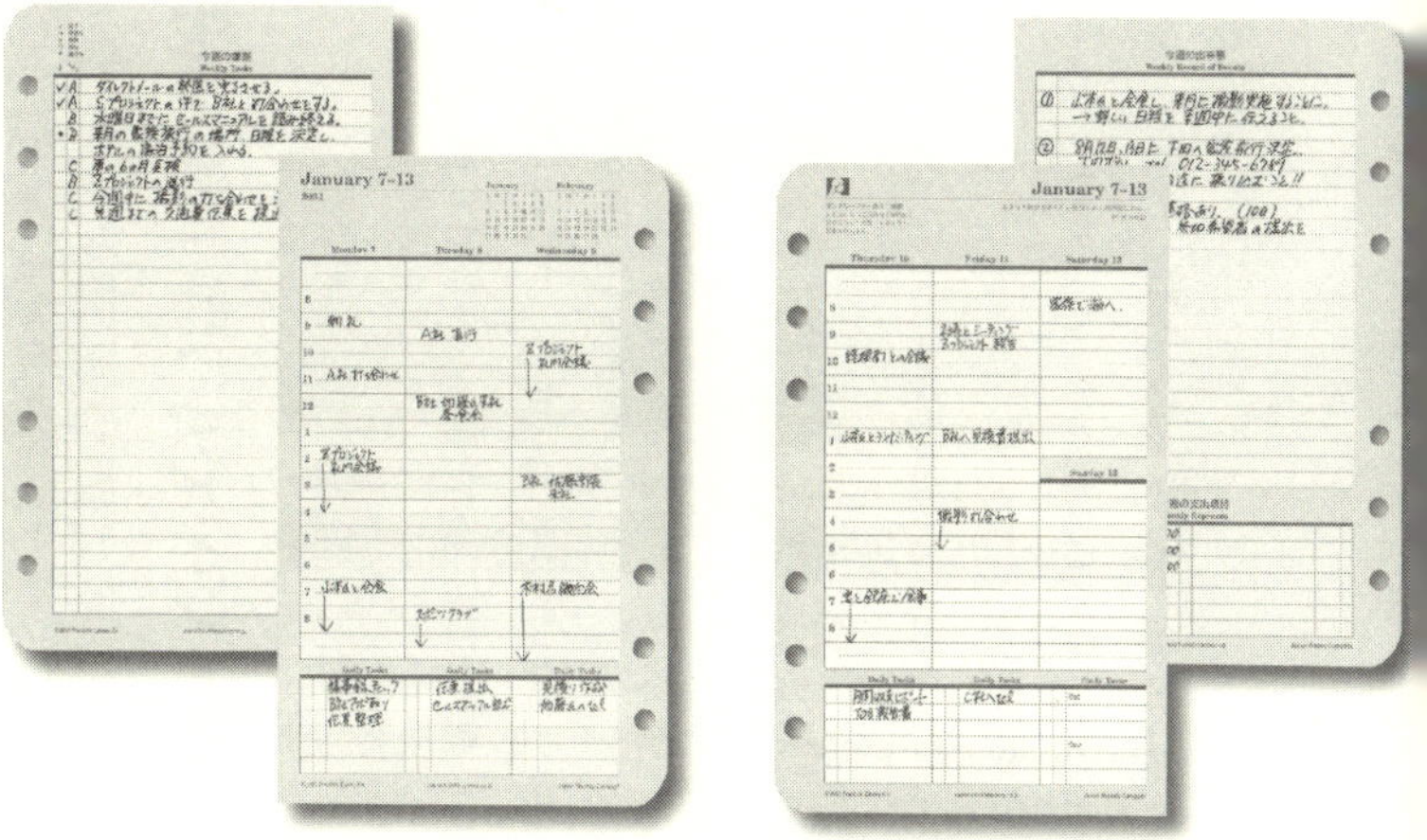

「ウィークリーページ」も用意されている

フランクリン・プランナーで人生を統一的にデザインする

井関悟さんは、コミュニティＦＭ放送局でディレクターとして働いている。井関さんは最近転職したばかりだが、最近まで会社とプライベートは切り離すことが大切だと思っていた。一旦会社を離れたら、仕事のことは一切考えないし、仕事中は、家族や自分の趣味、休日の過ごし方などは考えない。

そうすることで仕事に集中してきた。大学を卒業してから、それが大事だと思ってきたし、ほとんどのサラリーマンも同じように、そうすることで仕事に集中してきた。けれども、家で仕事を、会社で家族のことを考えるようになってしまって前の会社を辞めたのだった。

「フランクリン・プランナーを使い始めて、本来、同じものであるはずの自分の生活（仕事とプライベート）を分けること自体が間違っていたということに気づいたのです。また、コミュニティＦＭは地元密着が重要な方針なので、仕事とプライベートを分けるなど、とんでもないことです。地元の放送局ゆえ商店街のイベント、小中学校の行事や、果ては迷い犬のお知らせまで、土日もあったものではなく、イベントがあれば、イベント参加者として、ラジオ局の仕事として、時には主催者として顔を出すわけです」

　職場では当然のことながら、家にいる時間も車に乗っている時間でも、ほとんどラジオの音が聞こえているし、とても仕事は仕事と考えることはできない状態である。にもかかわらず、ストレスなくどうして仕事をやれているのか。それはフランクリン・プランナーで、優先順位をつけ、それに従って仕事をし、自分でコントロールしているので、その日その日の満足感が得られるからだと井関さんは言う。

　フランクリン・プランナーを使い始めて、井関さんは他のタイム・マネジメント・システムを使うことは一切やめた。電話や打ち合わせの記録などもメモ帳に記録することはしない。たとえば、電話を受けて誰かにメモで連絡しなければならない時も、まず電話を受け、メモはプランナーにする。そして、そのあと整理して連絡用のメモ用紙で、必要な相手に伝えるようにしている。そうすれば、すべての情報を一つにまとめられるし、記録もできる。また、フランクリン・プランナーに残さなかった情報は不要なものと決め、捨てることにしている。

さらに井関さんは、どんなことでも思いついたら、フランクリン・プランナーに書き留めている。仕事のことはもちろん、家族のこと、趣味のことなど、すべてを記録に残している。

「すぐに、書き留めることが大切です。後ではダメです。実際にやってみると、ほとんどの場合、フランクリン・プランナーに記入できないほど急いでいることは、思ったより少ないのです。仕事柄、時間には非常にシビアで毎日が秒単位で動いている私のような仕事でも、思いついたことを記入する時間は十分にあることがわかりました」

今の仕事では、勤務時間以外に放送のネタを見つけることが多い。そんなとき、プランナーは大変役に立つ。井関さんは、毎朝15分間、1日をプランニングし情報を整理している。書き留めた情報、思いつきを整理しなければ意味がない。その時間に、前日の記録を整理する。そこで、必要だと思われる情報と思いつきを月間インデックスに記入する。そのあと、その情報をいつ、どのように行うか、思いつきを処理するかを計画する。計画といっても、簡単なことで、1カ月先にやろうと思えば、次月の主要課題に記入するだけ。日にちが決まっていることは月間カレンダーのその日に記入しておくのである。

「1月15日の仕事中に突然、4月の番組改編のヒントを思いついたのです。そして、15日の今日の出来事欄に、メモしておきました。翌朝16日のプランニング時間に、『編成のヒント』と月間インデックスに記入すると同時に、編成は2月にするので、2月の課題のところに『編成のヒント1月15日』と書いておきます。こうしておけば、2月になれば2月の課題は毎日見ることになるのでアイデアを忘れることはありません」

毎朝プランニングをして、A・B・Cの優先順位をつけているが、実は、これが一番難しかったりする。長い間、緊急度の高いものを優先して仕事をしていたから、つい緊急なことの優先順位を高くしてしまいがちになるのだ。

そして、うっかり緊急度の高いものの優先順位を上げ、重要なものを後回しにしてプランニングしてしまうと、一日が終わった時に、すべてにチェックマークが入っていればよいが、いくつも先送り（→）した日は、自分にとって本当に面白くない一日になってしまう。そうならないためには、優先順位をつける際に、常に価値観を意識して、優先順位をつけることが必要である。そのためにも、バリューは毎日見るように注意しているという。

「私にとって、フランクリン・プランナーは分断されていた人生を一つにつなぐものなのです。仕事と私生活の二つが別々に存在しているのではなく、二つとも同じ自分の人生である。『タイム・クエストセミナー』がそれを教えてくれ、フランクリン・プランナーは、その人生をデザインするツールなのです」

デイリーページで出来事を管理する

デイリーページの仕組みと使い方

フランクリン・プランナーにはさまざまなページが用意されているが、日常的に一番使うのはデイリーページだ。最初はこんなに書き込むことがあるのかと驚くかもしれないが、出来事を管理する第4世代のタイム・マネジメントを実践していくとすぐに埋まるはずだ。デイリーページの仕組みと使い方を紹介しよう。

【左ページ】

①今日の優先事項（左側）：今日行う必要があるタスクをここに書き込んで、一つひとつについて重要度の高い順にABCを使ってランク付けする。

②今日の優先事項欄の記号の説明：今日の優先事項で書き込んだタスクの進行状況を表す記号の説明「レ」は完了「→」は先送り、などである。

③今日の予定（左ページの右側）：ミーティングや訪問、来訪者のスケジュール、プライベートな約束の予定など、すべてこの欄に書き込む。

④カレンダー（左側上段）：当該月のカレンダーが印刷されている。

⑤今日の支出項目（左側最下段）：その日の支出の細目を交通費、食事代、雑誌代などのように記入

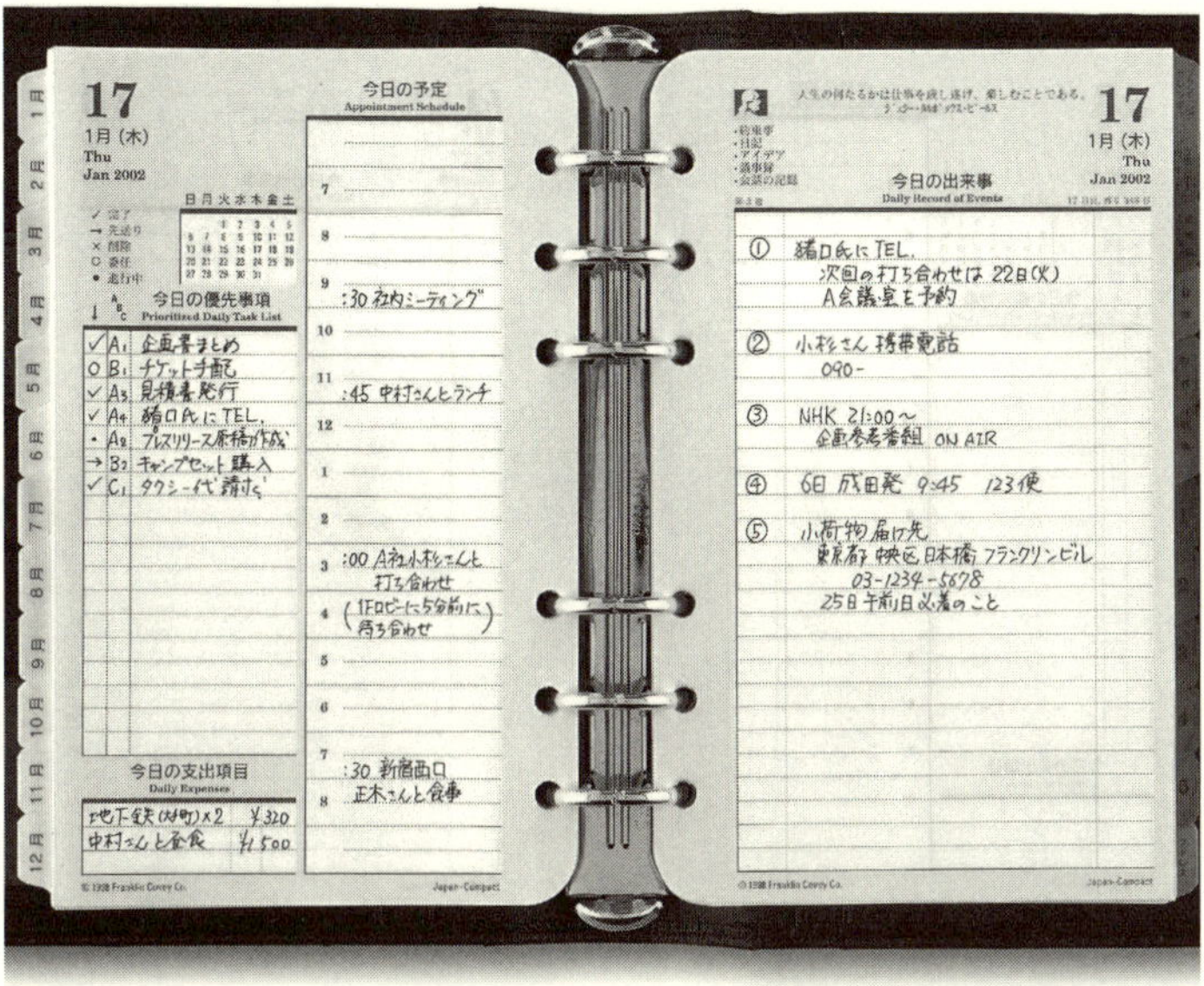

「デイリーページ」の今日の優先事項（左）、今日の出来事（右）

する。

【右側ページ】

⑥今日の出来事：この欄には会議や打ち合わせの議事録や電話の内容、会話や出張の記録、約束事などを記入する。ビジネス面だけではなく、思いついたアイデアや日記としても活用できる。書ききれない場合には、さらにページを追加してメモを書き込むことができるようになっている

【ページファインダー】

⑦コンパス・ポーチ・ページファインダー：透明なプラスチック製のしおり。常に今日のページにはさんで使用する。ページファインダーは、2枚の薄いプラスチックで作られており、「一週間コンパス」をはさんで常に意識できるようになっている。

「今日の優先事項」にすべてのタスクを書き出す

今日の優先事項の欄には、その日に行う必要があるタスクをすべて書き出す。例えば、次のように思いつくままに、今日やりたいこと、やらなければならないことを書き出す。毎日のタスク管理を確実に行うために、まず最初に「今日の計画を立てる」と書くことがコツだ。そうすることで一日の行動を管理できる。例えば、次のような具合だ。

「今日の計画を立てる」
「鈴木さんに電話する」
「犬を散歩に連れて行く」
「依頼された原稿を書く」
「車の点検を依頼する」
「部下の話を聞く」
「プロジェクト会議に出席する」
「親に電話する」
「今日の出来事を記録する」

これらのタスクをいつやるかはあなたの自由であり、約束の時間があらかじめ決定している事柄を除いて、自分自身で優先順位と時間配分を決めることができる。

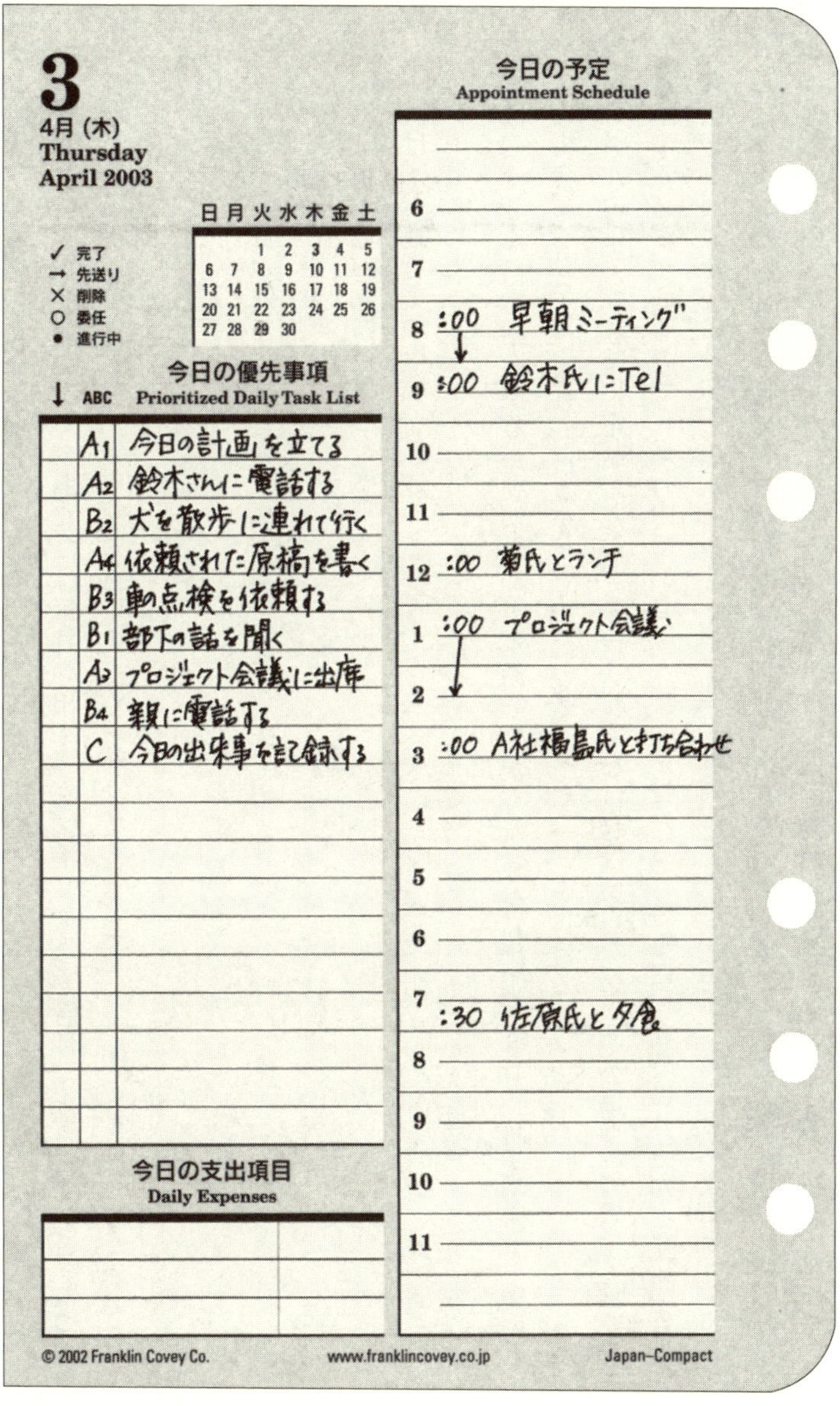

3

4月（木）
Thursday
April 2003

日	月	火	水	木	金	土
		1	2	3	4	5
6	7	8	9	10	11	12
13	14	15	16	17	18	19
20	21	22	23	24	25	26
27	28	29	30			

✓ 完了
→ 先送り
× 削除
○ 委任
● 進行中

今日の優先事項
↓ ABC Prioritized Daily Task List

↓	ABC	
	A1	今日の計画を立てる
	A2	鈴木さんに電話する
	B2	犬を散歩に連れて行く
	A4	依頼された原稿を書く
	B3	車の点検を依頼する
	B1	部下の話を聞く
	A3	プロジェクト会議に出席
	B4	親に電話する
	C	今日の出来事を記録する

今日の支出項目
Daily Expenses

今日の予定
Appointment Schedule

6	
7	
8	:00 早朝ミーティング ↓
9	:00 鈴木氏にTel
10	
11	
12	:00 菊氏とランチ
1	:00 プロジェクト会議 ↓
2	
3	:00 A社福島氏と打ち合わせ
4	
5	
6	
7	:30 佐原氏と夕食
8	
9	
10	
11	

© 2002 Franklin Covey Co.　www.franklincovey.co.jp　Japan–Compact

ストレスをなくす毎日の出来事管理

フランクリン・プランナーで、あなたは毎日の出来事をストレスなく管理できる。一つひとつの事項を処理した後、一項目ずつ「→」のマス目に、次のような基準でチェック印を付けていくのである。

「レ」はタスクを完了した事項
「→」はその日の内に完了できず、先送りになった事項
「×」は削除した事項
「○」は誰か他の人に委任した事項
「・」はまだ進行中の事項

例えば、Aさんに電話をする必要があって電話したが、Aさんは出張で8月10日まで戻らないという。この場合、「Aさんに電話」は「先送り」になるので「→」を付ける。

次にBさんには、朝10時に電話したが、午後3時でなければ戻らない。その場合には、3時にもう一度電話する必要があるので、進行中である「・」印を付ける。さらに、3時にBさんと連絡が付き、用件も伝え終わった後には、「・」の上に、「レ」印を付け、タスクが完了したことを表すようにする。

さらに、タスクを部下や他の人に依頼して処理してもらうこともある。例えば、大阪出張の新幹線の切符の手配をCさんに頼んだとしよう。その場合には、委任したことを示す「○」印を付けて、誰

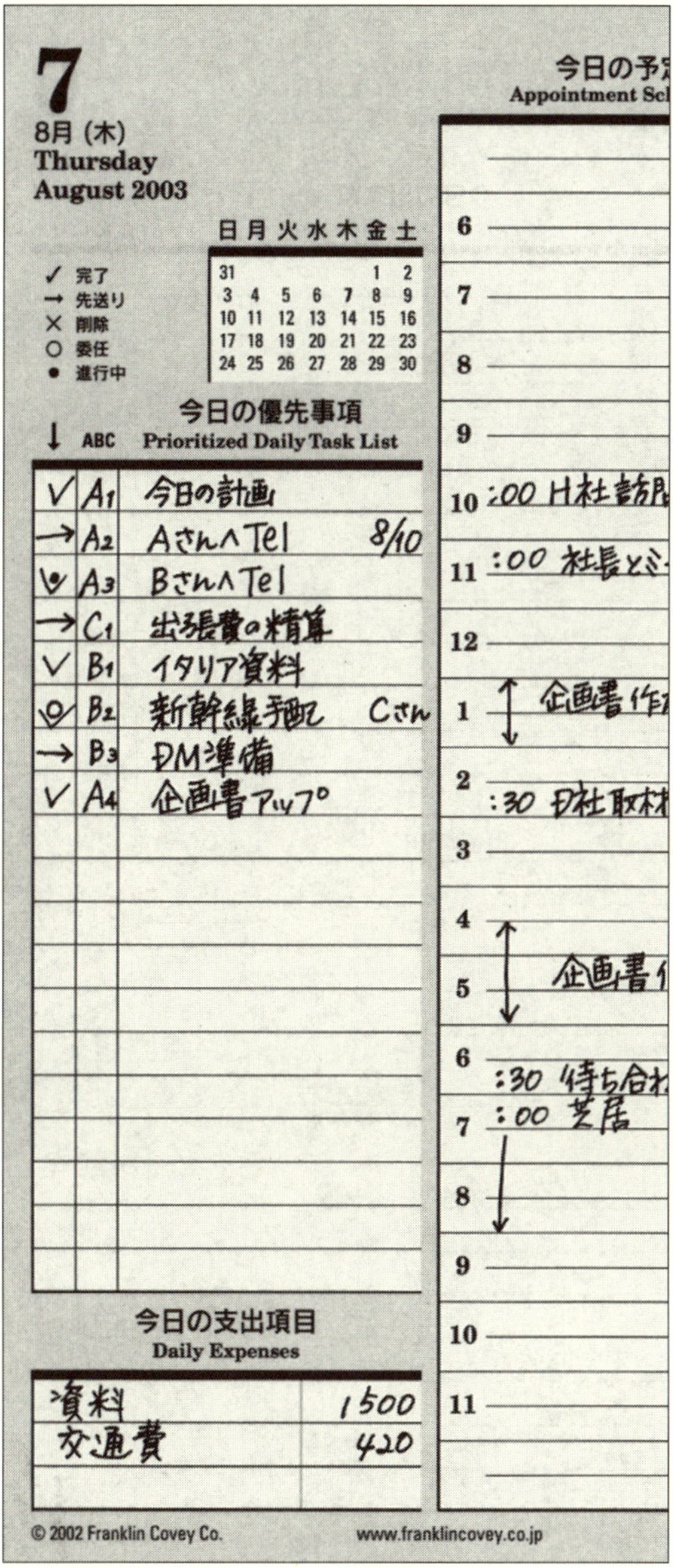

に委任したか後でわかるように頼んだ人のイニシアルか何かを書いておく。そして切符が手元に届いた段階で、「レ」印を付ければよい。

毎日、その日の終わりにチェック漏れがないことを確認し、進行中の「・」を先送りするのであれば、「→」印で上書きし、翌日ないしそれ以降の「今日の優先事項」欄に転記しておくのである。

自分の行動を知り、優先順位を付けるためのABC分析

あなたは1日の始めに、「今日やらなくてはならない業務はこれとこれ」というように、毎日のタスクや予定を考えることは習慣のようにしていることだろう。しかし、フランクリン・プランナーでは単なる行動予定表やタスクリストではなく、「優先順位をつけたタスクリスト」を作成し、日々の行動を重要事項から実行することによって、人生の目標に向けた歩みを確実にすることができる。

フランクリン・プランナーでは、優先順位をA、B、Cの価値と1、2、3の順序で付けていく。それが、各項目の価値を判断するABC分析である。

Aは「必須（その日にしなければならない）」

Bは「重要（その日にすべきである）」

Cは「選択可能（できればいい）」

Aは非常に重要で「必須」。何が何でも達成しなければならないものである（must）。他に何もできなくても、今日中にAの課題は達成しなければならない。次のBは「重要」。今日達成すべき課題である（should）。Aの課題が全部終わってまだ時間がある時にBの課題に取り組む。そして最後のCは比

較的重要でなく「選択可能」。達成できたらいいと思われる課題である（could）。AもBも終わって、それでもまだ時間がある時にCの項目に取り組めばいい。

その上で、今度は各項目を見て、ABCそれぞれのグループの優先順位を数字で表す。優先順位をつけることは、出来事の相対的な重要度とそれを行う順序を明確にすることである。Aグループのなかではどれが一番大切だろうかと考え、最も大切なものにA1と書く。次に大切なものがA2ということになる。B、Cグループも同様である。

いつでも、とにかく優先順位の最も高い課題にエネルギーを集中する。そしてそれを達成するまで、リストの他の事柄については一切考えないようにすることが重要である。

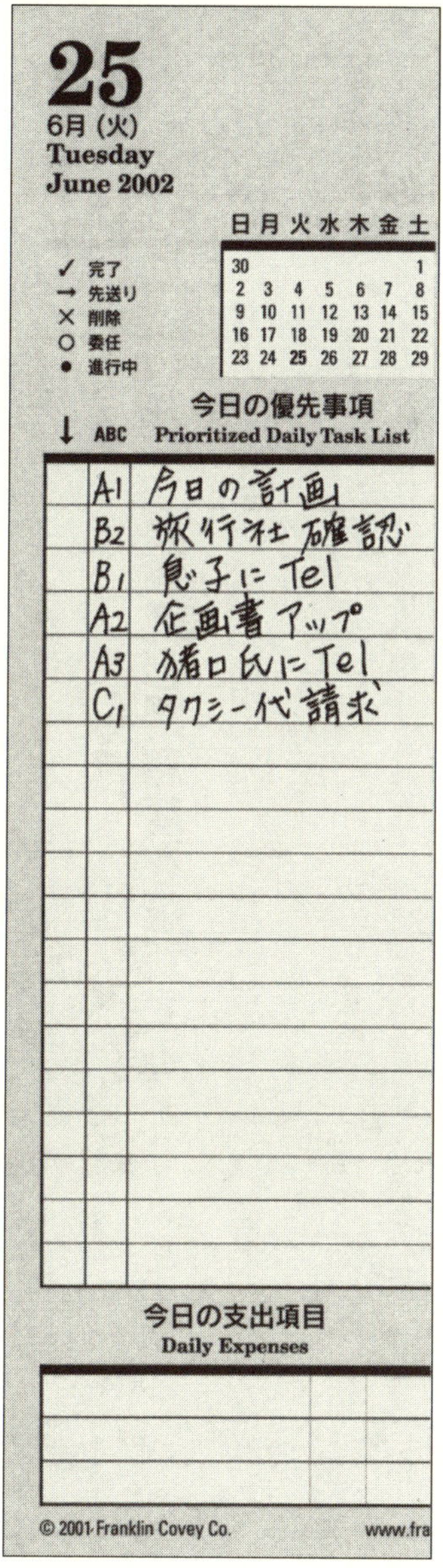

重要度と緊急度を区別する

時間のマトリックス

時間とは何だろうか。時間とは「出来事の継起する秩序で、不可逆的方向をもち、前後に無限に続き、一切がそのうちに在ると考えられる」（広辞苑）とされている。時間が出来事の連続体であるとするならば、時間のコントロールとは出来事のコントロールであり、人にとって時間をコントロールすることは、人生のなかの出来事をコントロールすることになる。

そこで出来事を分類し、その意味を考えてみることにしよう。X軸に「重要」（自分のミッションと有意義な目標の達成に貢献する）、Y軸に「緊急」（すぐに対応しなければならないように見える）を表したマトリックスを作成すると、Ⅰ領域は「緊急でかつ重要」、Ⅱ領域は「緊急ではないが重要」、Ⅲ領域は「緊急であるが重要でない」」、Ⅳ領域は「緊急でも重要でもない」となる（図参照）。

これを具体的な出来事に当てはめてみると、次のようになる。

Ⅰ：締め切りのある仕事、クレーム処理、せっぱ詰まった問題、病気や事故、危機や災害

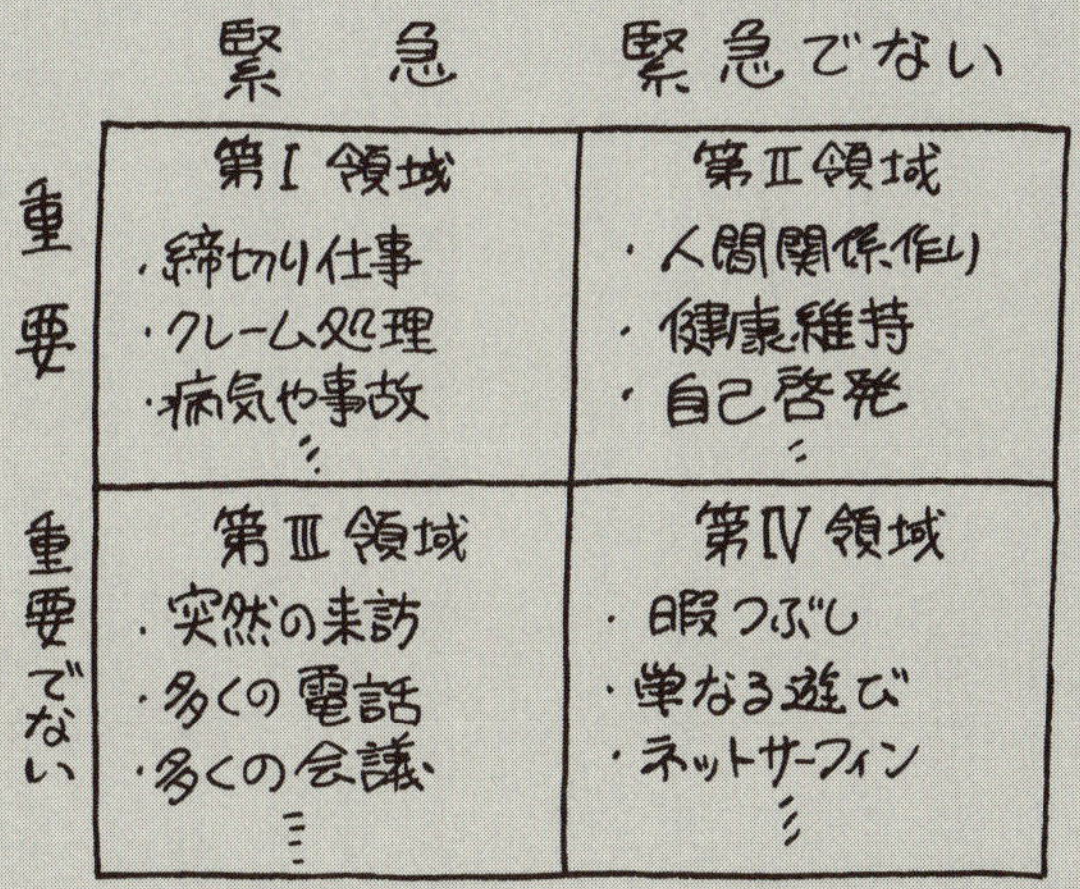
緊急
緊急でない
重要
重要でない
第I領域
・締切り仕事
・クレーム処理
・病気や事故
第II領域
・人間関係作り
・健康維持
・自己啓発
第III領域
・突然の来訪
・多くの電話
・多くの会議
第IV領域
・暇つぶし
・単なる遊び
・ネットサーフィン

Ⅱ：人間関係作り、準備や計画、リーダーシップ、真のレクリエーション、勉強や自己啓発、予防保全

Ⅲ：突然の来訪、多くの電話、多くの会議や報告書、無意味な冠婚葬祭、無意味な接待やつき合い、雑事

Ⅳ：暇つぶし、単なる遊び、だらだら電話、待ち時間、意味のない活動、ネットサーフィン

多くの場合、人は第Ⅰ領域の活動に完全に溺れてしまっている。第Ⅰ領域に集中している限り、次から次に「危機と問題」が津波のように押し寄せてきて、やがて疲れ果てて「燃え尽きて」しまう。そういう人が逃げ込める唯一の所は、緊急でも重要でもない第Ⅳ領域である。しかし、第Ⅱや第Ⅲ領域にはほとんど目を向けていないのだ。

一方、第Ⅱ領域と錯覚して、第Ⅲ領域に多くの時間を費やす人もいる。その場合、その生活は終始他人の優先順位や期待に振り回されているだけで、基本的に無責任な人生を送ることになってしまう。

第Ⅱ領域の活動に注力する

人生を有意義に過ごそうとする人は、重要ではない第Ⅲ領域と第Ⅳ領域の出来事を避けようとする。その代わり第Ⅱ領域に時間を割くことによって、緊急な第Ⅰ領域の問題をなくそうとする。第Ⅱ領域に集中することは予防的に物事を考え、行動することなので、第Ⅰ領域の突発的な緊急の出来事を少なくすることができる。

学生やサラリーマン、主婦、そして経営者など、あなたが誰であるかを問わず、自分自身の第Ⅱ領域の

活動に注力すれば、それに伴って第Ⅰ領域の問題は徐々になくなってくる。やがてそれは、余裕を持って対応できる範囲に収まることになるだろう。なぜなら、それは問題が発生する以前に、それを防ぐ活動を行っているからだ。

誰もが第Ⅱ領域の活動の大切さを理解しているはずだが、それらは緊急でないため、いつまで経っても手が付けられないのが現実だろう。第Ⅱ領域の活動を行うには、緊急かつ重要である第Ⅰ領域の活動を無視することはできないので、第Ⅲ領域や第Ⅳ領域から時間を取る以外にない。また第Ⅱ領域の活動を行うには、自ら進んで実行しなければならない。

第Ⅱ領域に集中することは、効果的な自己管理を行う要となる。そして、最も重要でありながら、目的意識なしには実践できない第Ⅱ領域の活動を日々行うためのツールが、フランクリン・プランナーなのである。フランクリン・プランナーは、第Ⅱ領域に集中した計画を実現するために、「一週間コンパス」「長期目標設定」「中間ステップ」「月間ゴール」等の機能を組み込み、効果的な自己管理ができるようにしている。

時間固定と時間自由で出来事をコントロールする

フランクリン・プランナーは、出来事に対する「時間固定」と「時間自由」という二つの概念を基礎に考案されている。例えば、あなたが営業職の場合、アポイント（約束）は時間が決められている。すなわち、時間が固定されている。一方、あなたがしなければならないタスク（業務）は、それを行う時間は決まっておらず、時間自由である。ただし、管理業務などでアポイントがほとんどない場合は、タスクが時間固定になる場合もある。

フランクリン・プランナーでは、こうした考え方に基づいて各項目に必ず、「時間固定」と「時間自由」の欄を設定している。デイリーページでは、時間固定のアポイントメントを記入する「今日の予定」を朝から時間を追って記入できるようになっている。

左のサンプルにあるように、同じページの「今日の優先事項」欄には、時間が決まっていないその日のタスクを思いつくままに記入できるようになっている。また、ウイークリーページも、同じように、「今週の予定」と「今週の優先事項」欄に、それぞれ書き込めるようになっている。

さらに、月間カレンダーページも、「日時固定」と「日時自由」の組み合わせで構成されている。スケジュールを記入する月間カレンダーは「日時固定」であり、月間の主要課題と月間目標を書き込む欄は、「日時自由」である。このように、出来事の「時間（日時）固定と時間（日時）自由」という考え方によって、出来事のコントロールが完全に可能になるのである。

本来、タスクは予定に入れておいた方がより明確になる。タスクに費やす時間を計画することで、タスクはより実行可能な予定となり、計画の未実行によるストレスを軽減していくはずだ。

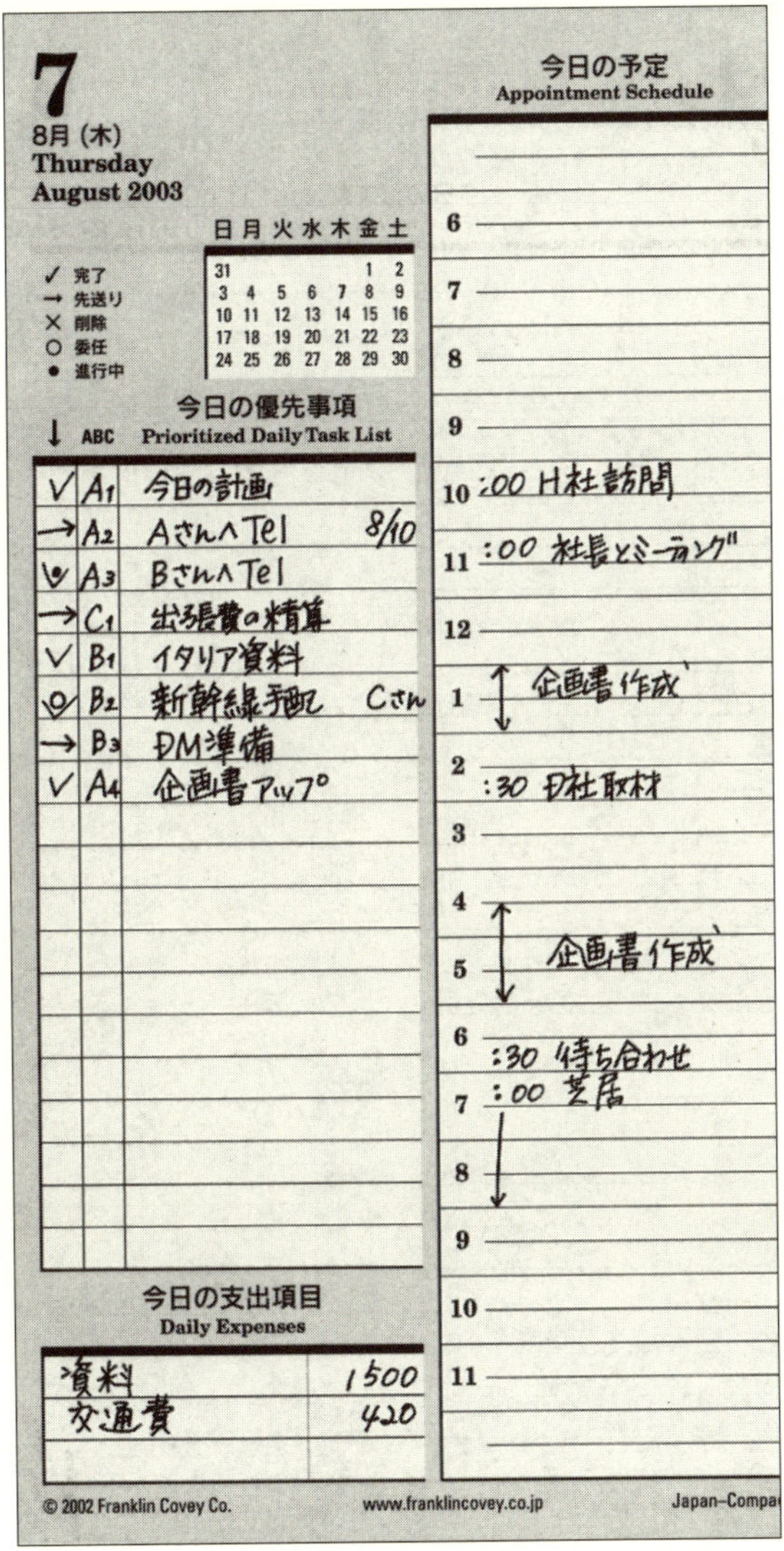

時間自由な「今日の優先事項」と
（左）と時間固定の「今日の予定」

出来事を記録に残す

今日の出来事を何でもメモし記録に残す

フランクリン・プランナーは毎日肌身離さず持ち歩く、あなたの「分身」である。なかでもデイリーページは毎日何回も開く。デイリーページの右側「今日の出来事」欄は、あなたが書き留めようと思ったことは何でもメモするページである。

今日、実行したタスクの詳しい内容、仕事上の計画の一部や仕事に関するアイデアやメモ、何もかしこまった要件だけではない、電話を受けた際のちょっとしたメモ、ふと思いついたアイデア、子どもへのプレゼント、気になった本のタイトル等、ビジネスかプライベートかを問わず、何でも書き込んでメモし、記録に残しておくのである。

自分の記録を保管する

フランクリン・プランナーのスターター・キットには、保管用バインダーが付属している。保管用バインダーは、携帯するバインダーに綴じきれないプランナーを保管しておく際に利用するもので、使用済みプランナーや未使用のプランナーをまとめて保管することができる。これに綴じ込むとプランナーがすっきりと整理できるので、年度表示シールを背表紙に貼り付けて書棚に整理しておけば、大切な過去の情報をすばやく探し出して、役立てることができる。

また、複数年の保管用バインダーが並んだ姿は、正に自分の歴史を見ていることになる。年度を追うごとの自分自身の変化や進歩が手に取るように思い出すことができるだろう。

2002
1999
2000
2001

ウィークリー単位で出来事を管理する

フランクリン・プランナーには、デイリーページだけでなく、ウィークリーページのリフィルも用意されている。ウィークリータイプは、フランクリン・プランナーのユーザーからのリクエストで実現した製品なので、今まで週単位のシステム手帳などのウィークリータイプに慣れている人は、これを利用するのもよいだろう。

ウィークリータイプは2枚4ページが基本となる。見開き2ページに一週間の予定と毎日のタスク、前ページ裏に「今週の課題」、後のページの裏に「今週の出来事」欄がある。コラムで紹介している「大きな石（重要事項）を先に入れる」やり方は、このウィークリーページのリフィルを使うのが最適である。

このウィークリーリフィルの大きな特徴は、一週間の課題を1ページにまとめることで課題が明確になる点だ。スケジュールだけだとどうしても緊急な出来事が優先され、重要なことが二の次になってしまう。また、スケジュールも一覧性に優れているので、例えば、重要な仕事を午前中に集中してこなしたり、ランチミーティングの予定状況が一目で判断できたりする。あるいは、夜、家族と過ごす時間を一週間でどれだけ確保できるかといったバランスを取る上でも有効なツールとなる。

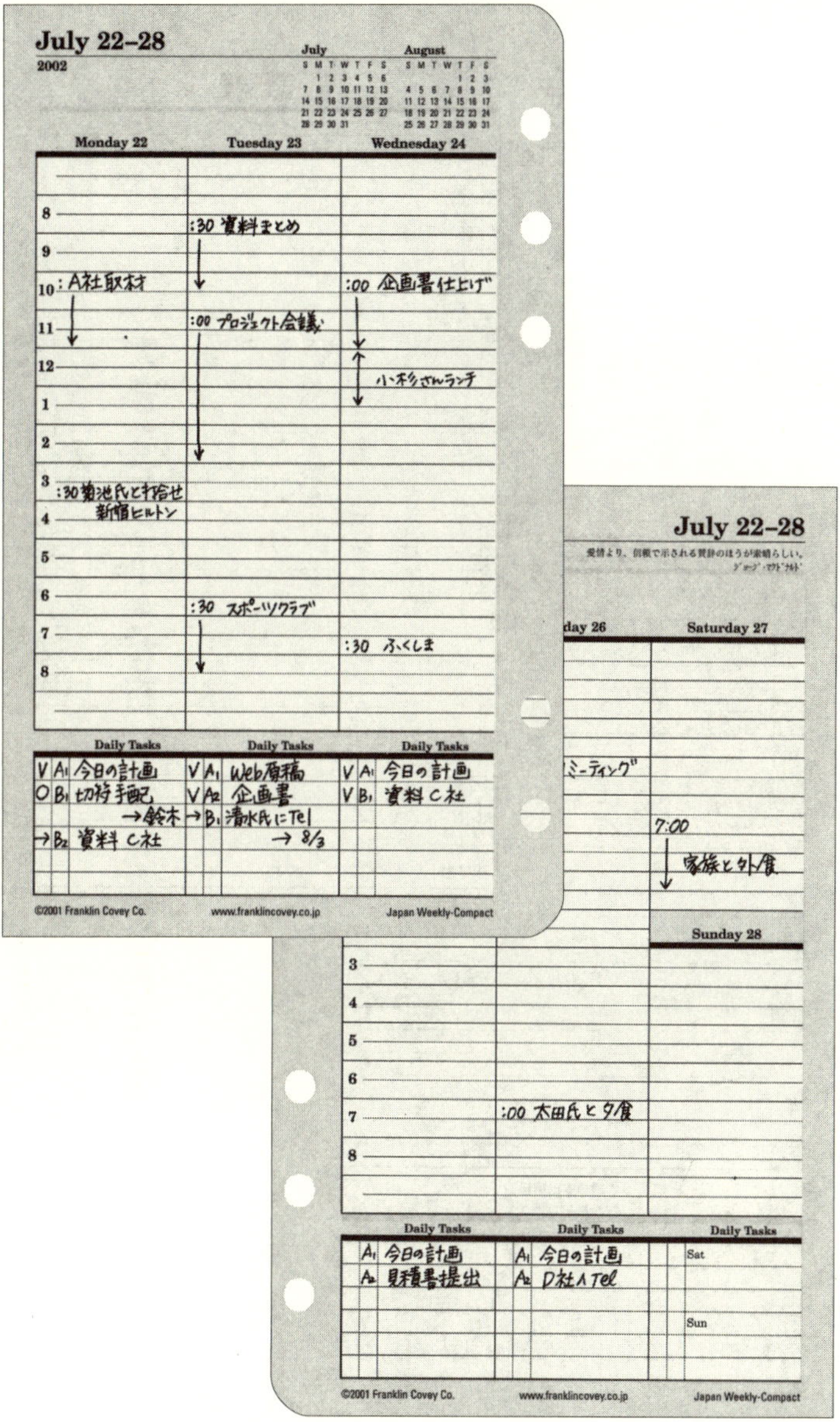

July 22–28
2002
Monday 22
Tuesday 23
Wednesday 24
:30 資料まとめ
:A社取材
:00 企画書仕上げ
:00 プロジェクト会議
小杉さんランチ
:30 菊池氏と打合せ
新宿ヒルトン
:30 スポーツクラブ
:30 ふくしま
Daily Tasks
V A1 今日の計画
O B1 切符手配
→鈴木
→ B2 資料 C社
V A1 Web原稿
V A2 企画書
→ B1 清水氏にTel
→ 8/3
V A1 今日の計画
V B1 資料 C社
©2001 Franklin Covey Co.
www.franklincovey.co.jp
Japan Weekly-Compact
July 22–28
愛情より、信頼で示される賛辞のほうが素晴らしい。
ジョージ・マクドナルド
Saturday 27
ミーティング
7:00
家族と外食
Sunday 28
:00 太田氏と夕食
A1 今日の計画
A2 見積書提出
A1 今日の計画
A2 D社へTel
Sat
Sun

「大きな石と小さな石」で優先順位を決める

タスクを書き出した後、最も重要なポイントが、「優先順位の決め方」である。

ここで、バケツに大きな石と小さな石を入れる様子を想像してみよう。最初に大きな石から入れていく。大きな石を入れ終わってから小さな石を入れていく。そして入らなかった小さな石は、自分にとってそれほど重要でないもののはずであり、無理にスケジュールに入れる必要はないのだ。

逆に小さな石を先に入れて見よう。そうすると、小さな石でバケツが埋まってしまって大きな石が入る余地がなくなってしまう。

私たちの生活もこれと同じだ。重要な事柄（大きな石）を優先し、重要度の低い活動（小さな石）を後にしていく。毎日のタスクに優先順位を付ける時に、これを常に念頭に置きながらやっていくことによって、私たちは重要な事柄を優先する生活を送ることができるのである。

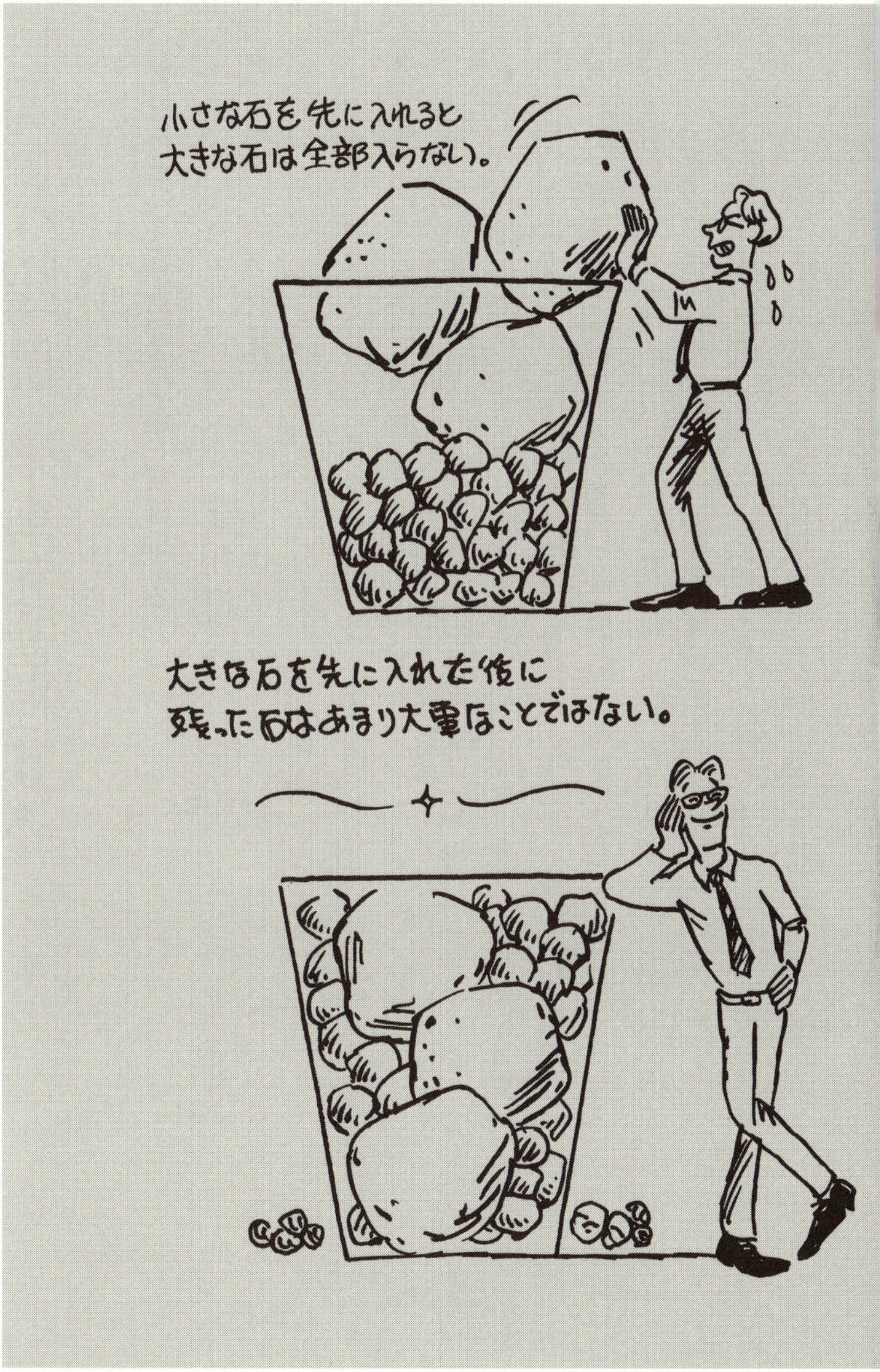
小さな石を先に入れると
大きな石は全部入らない。
大きな石を先に入れた後に
残った石はあまり大事なことではない。

月間レベルで出来事を管理する

1カ月を一覧し、より重要な課題を明確にする

フランクリン・プランナーには、タブ付きの見開きの月間カレンダーが付属されている。見開きタイプなので、スペースにゆとりがあり、書き込みやすい。何をいつ頃実行するかという予定や計画のアウトラインを把握するのに便利だ。おおまかなスケジュールを月間カレンダーでまとめて、それをデイリーページで日々の計画に落とし込む。こうすれば、全体の計画の流れを確実に把握しながら、予定や計画を確実に実行できる。

1カ月単位の計画は、チーム単位でのプロジェクトや1つの仕事の単位となることが比較的多い。「1億円の売上げを達成する」とか「新製品を3つ開発する」といった長期の目標は、簡単に1カ月の計画と結びつきにくいが、「商品の販促プランを決定する」や「展示会用のパンフレットを作成する」といったビジネス上の課題を1カ月単位で計画していくのに適している。

見開き月間カレンダーの右ページの裏側には、その月の主要課題と月間目標をそれぞれプライベートとビジネスに分けて記入できる。主要課題欄には期限は決まっていないが、月内には終了したい事柄を書き込む。月間目標欄には、長期目標と連動したはっきりした目標を書き込む。それぞれ、プライベートとビジネスに分かれているので、双方の課題と目標を明確に分けて書き込むことができる。

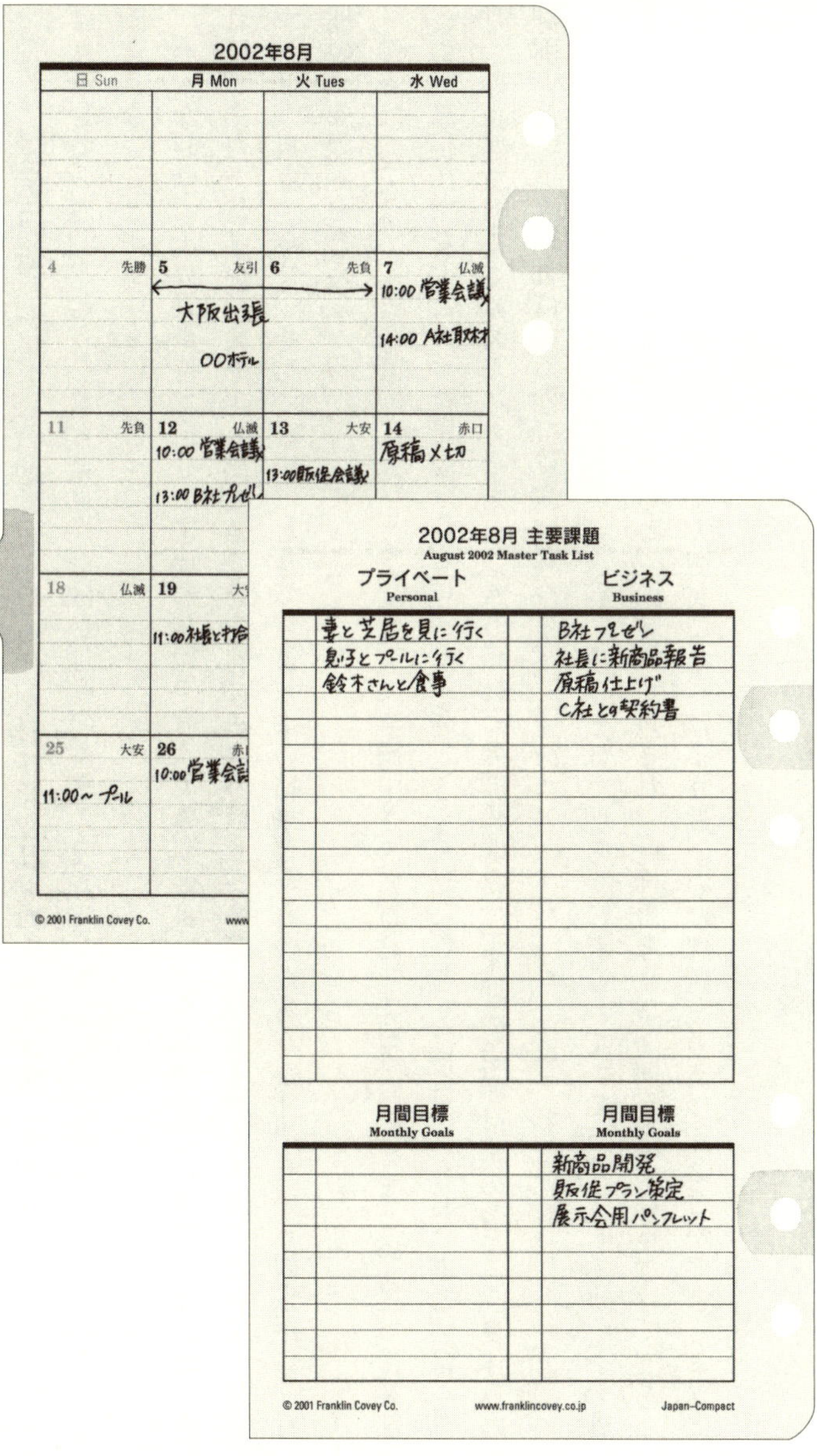
2002年8月
日 Sun
月 Mon
火 Tues
水 Wed
4 先勝
5 友引
6 先負
7 仏滅
大阪出張
○○ホテル
10:00 営業会議
14:00 A社取材
11 先負
12 仏滅
13 大安
14 赤口
10:00 営業会議
13:00 B社プレゼン
13:00販促会議
原稿〆切
18 仏滅
19
11:00社長と打合
25 大安
26
11:00～ プール
10:00営業会議
8月
© 2001 Franklin Covey Co.
2002年8月 主要課題
August 2002 Master Task List
プライベート
Personal
ビジネス
Business
妻と芝居を見に行く
息子とプールに行く
鈴木さんと食事
B社プレゼン
社長に新商品報告
原稿仕上げ
C社との契約書
月間目標
Monthly Goals
月間目標
Monthly Goals
新商品開発
販促プラン策定
展示会用パンフレット
© 2001 Franklin Covey Co.
www.franklincovey.co.jp
Japan-Compact

月間主要課題こそ、ミッションへの近道

「今日の重要課題」を記入し、優先順位をつけるだけでも日々の生産性は向上する。しかし、それを繰り返していると、どうしても緊急性だけが行動の基準になってしまって、重要なことがなかなか達成できないことが多いものである。

そんな時は、1カ月単位で自分の主要な課題を考えてみるとよい。今月中にどんなことを達成できれば、あなたはよい結果を生み出せるかを考えてみよう。ビジネス、プライベート面において、何をすれば、自分、会社、そして家族にとって、よりよい結果となるのだろうか。そういう観点から、月間の主要課題を考えてみる。

例えば、「今日の重要課題」だけを考えた場合、「田中さんに電話」「会議資料をまとめる」「営業部への実績提出」などといった緊急なことばかりになってしまう。そして今度は、「今月」あるいは「来月」の課題を考えてみる。そうすると「ABC社との関係改善」「来期の生産計画の着手」「夏休みの計画」といった項目になるのではないだろうか。

そこに書かれた事柄は、今日の主要課題の事項とは、明らかに異なっているはずだ。もう、おわかりだと思うが、1日→1週→1カ月と、緊急性が外され、計画を考える期間が長くなるだけで、あなたは自然に自分のミッション（最も大切なこと）により近づいた課題を考えつくことができるようになるのだ。

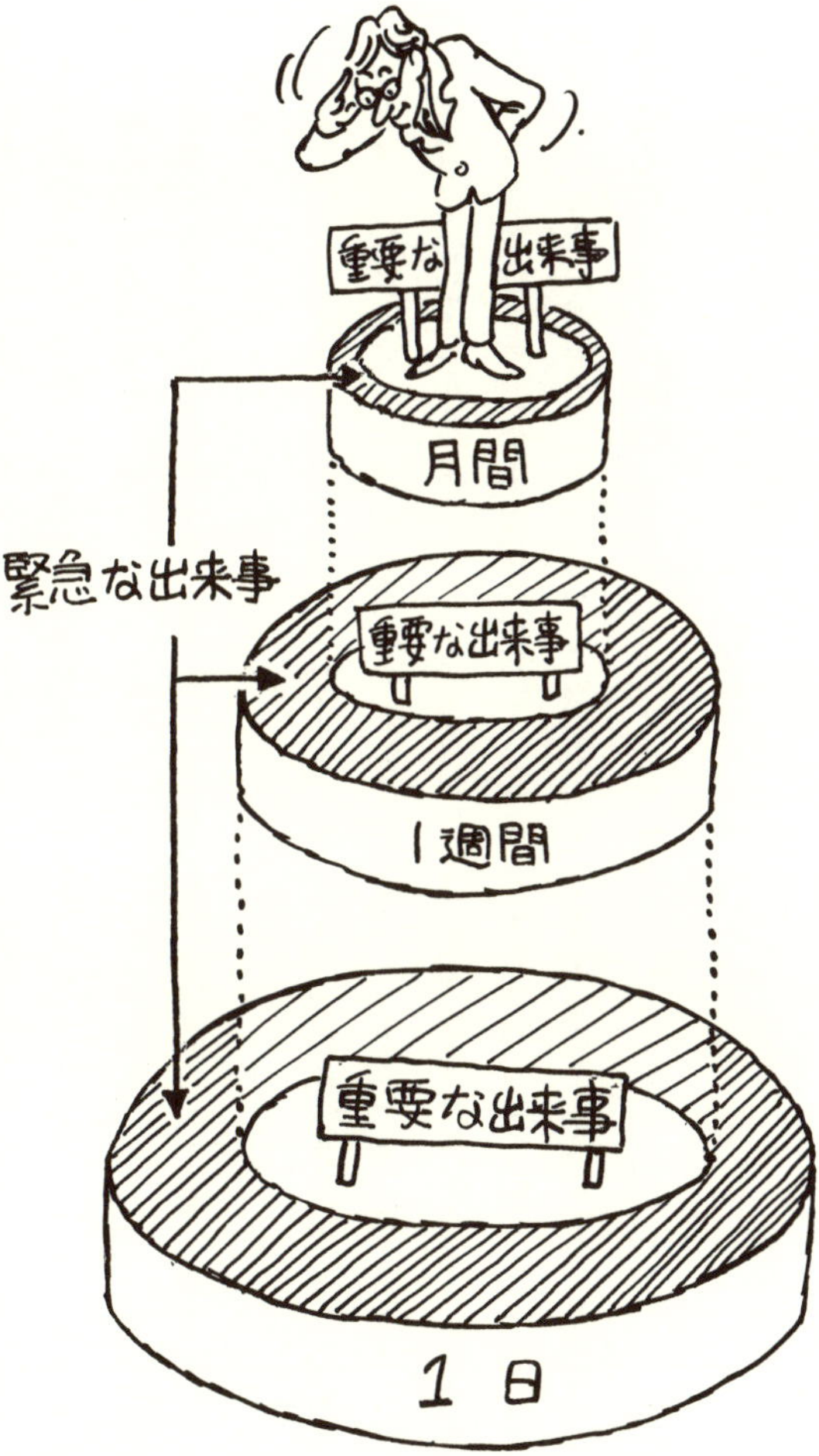
重要な出来事
月間
緊急な出来事
重要な出来事
1週間
重要な出来事
1日

1カ月の重要な出来事をまとめる月間「インデックス」

月間カレンダーのタブの付いたページの表側には、月間のインデックス「今月記録した項目の索引」が用意されている。このページは、過去のアイデアを検索するための「データベース・インデックス」だ。毎日書き込んでいる「今日の出来事」欄に、何か思いついたことをメモした時点で、のちのち参照すると判断したアイデアやデータについて、そのインデックスを簡単にこのページに書き出しておくのである。

こうしておくことによって、1年365日分のデイリーページの「今日の出来事」欄をいちいち探さなくても、インデックスをたどって、すばやく目的の記録に行き着くことができる。書き方は簡単で、日付を書いて自分が読み返してわかるようなタイトルを付けてメモをするだけである。

また過去の月間インデックスはプランナーの保管用バインダーに入れず、プランナーにそのまま残しておく。そうすれば、どんなに過去のことであっても、索引として使うことができる。役に立つアイデアのメモは、最近のものばかりとは限らない。ずっと昔のアイデアが思わぬ時に役立つことも多いものである。

2002年8月 インデックス
August 2002 Index

日付 Date	今月記録した項目の索引 Index important information and events recorded on this month's daily pages.
7	A社取材　創意工夫の仕かけ
8	太田氏とのコラボレーション
12	B社プレゼン
13	鈴木氏とのTelで割引の話　70%オフ
15	営業会議にてB社対策
19	販促プランアイディア

2002年7月

日	月	火	水	木	金	土
	1	2	3	4	5	6
7	8	9	10	11	12	13
14	15	16	17	18	19	20
21	22	23	24	25	26	27
28	29	30	31			

2002年8月

日	月	火	水	木	金	土
				1	2	3
4	5	6	7	8	9	10
11	12	13	14	15	16	17
18	19	20	21	22	23	24
25	26	27	28	29	30	31

2002年9月

日	月	火	水	木	金	土
1	2	3	4	5	6	7
8	9	10	11	12	13	14
15	16	17	18	19	20	21
22	23	24	25	26	27	28
29	30					

© 2001 Franklin Covey Co.　www.franklincovey.co.jp　Japan–Compact

パーソナル・マネジメントで常に「最も大切なこと」を考える

フランクリン・プランナーの骨格部分ともいうべきページが、パーソナル・マネジメント・ページである。この部分は、フランクリン・プランナーの活用方法をまとめて記述した「プランナーガイド」と「価値観／ミッション」「目標」「財務」「情報」「アドレス」から構成されている。

そして、それぞれわかりやすいように、タブが付いている。このページは、いつでもどんな場所でも、価値観や目標など自分の書き込んだ内容をチェックし、深めていくための作業ができるように作られている。

時間があったり、思いついたことがある場合には、パーソナル・マネジメント・ページを開いて、自分に納得がいくまで思考を深化させていくのがよいだろう。

なお、この内容については、第3章で詳しく述べているので、参照していただきたい。

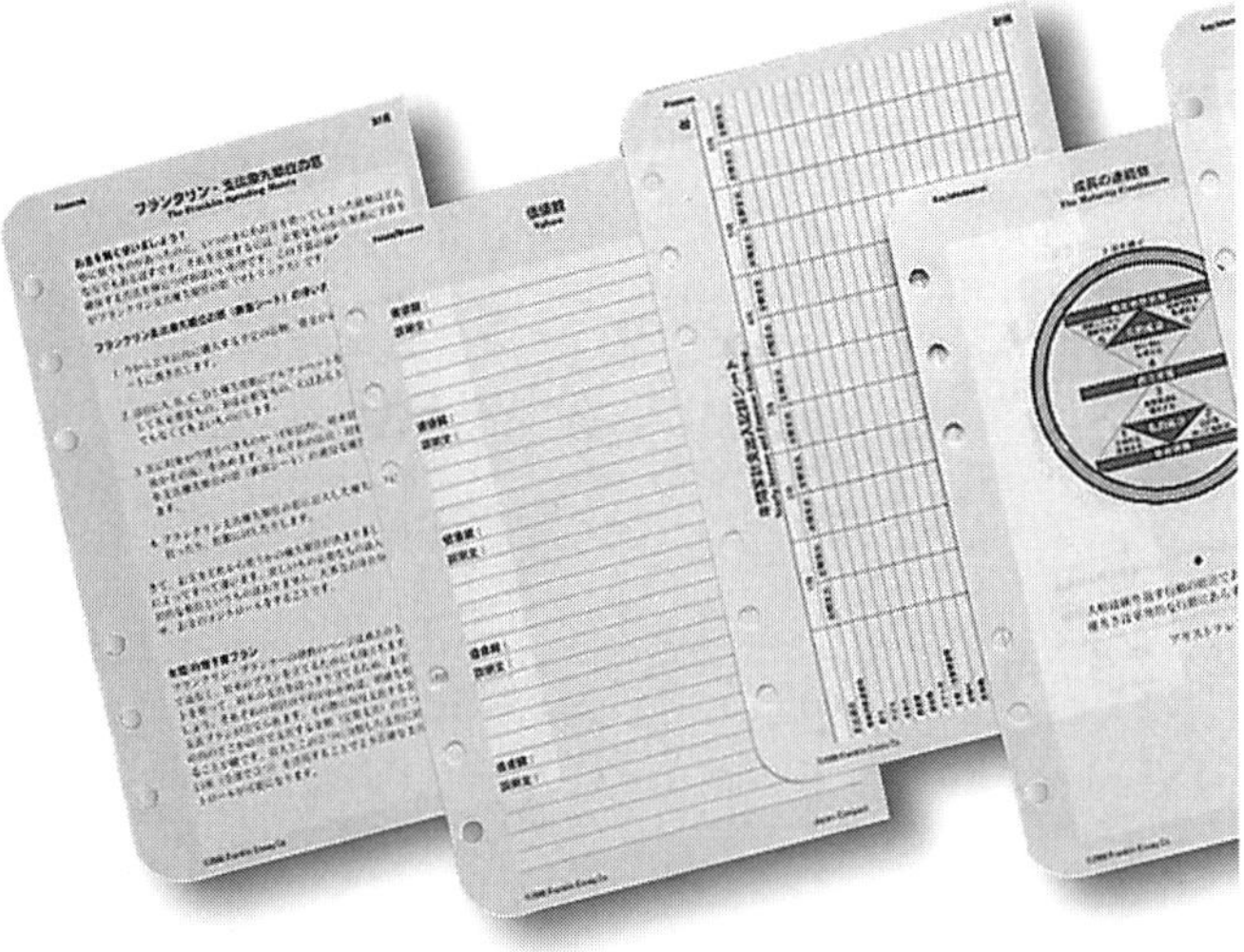
成長の連続体

役割と目標
成長の連続体
個人インフォメーション

フューチャー・プランニングで5年後をプランする

リフィルにセットされている「プランニング・カレンダー」は、翌年の1カ月単位の見開き月間カレンダーと、その後の5年間分を12カ月単位で1ページに収めた年間カレンダーから構成されている。将来5年間にわたる年間カレンダーに、すでに決まっているスケジュールはもちろん、価値観に基づいて設定した長期目標の期限を自分で記入し、自分の生活の将来をプランニングすることができるようになっている。

例えば、定期預金や契約などで数年先に満期になるというケースはよくあるものだ。それをどこに書き込むのがよいのか。通常のシステム手帳などでは、メモ欄に年月日とその内容を簡単に書いておくのが一般的である。しかし、これでは見にくくて忘れてしまいやすいし、メモ欄が一杯になって新しいものに交換した時など、再度内容を書き直さなければならない。

フランクリン・プランナーでは、3年後の約束であっても1年1枚のリフィルに具体的にインデックスのように一行で書き込んでおくことができる。そして、プランニング・カレンダーの内容を毎月一回確認し、書かれている予定をその月の「主要課題」ページに書き込めば、数年前の記述であっても決して忘れることなく、実行することができるようになっている。

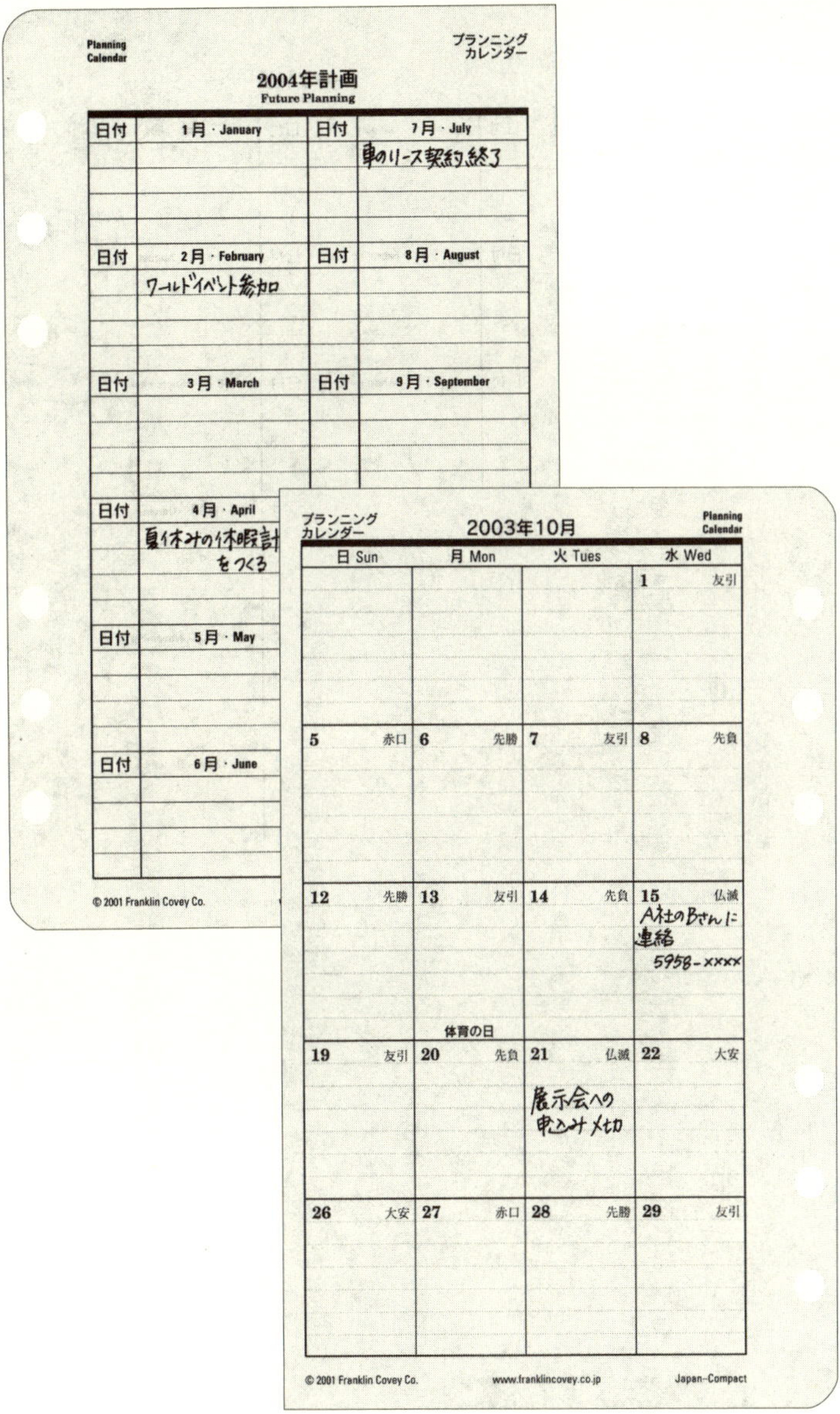

Planning Calendar　　プランニングカレンダー

2004年計画
Future Planning

日付	1月 · January	日付	7月 · July
			車のリース契約終了

日付	2月 · February	日付	8月 · August
	ワールドイベント参加		

日付	3月 · March	日付	9月 · September

日付	4月 · April
	夏休みの休暇計 をつくる

日付	5月 · May

日付	6月 · June

© 2001 Franklin Covey Co.

プランニングカレンダー　　Planning Calendar

2003年10月

日 Sun	月 Mon	火 Tues	水 Wed
			1 友引
5 赤口	6 先勝	7 友引	8 先負
12 先勝	13 友引	14 先負	15 仏滅 A社のBさんに連絡 5958-xxxx
19 友引	20 先負（体育の日）	21 仏滅 展示会への申込みメ切	22 大安
26 大安	27 赤口	28 先勝	29 友引

© 2001 Franklin Covey Co.　www.franklincovey.co.jp　Japan-Compact

「一週間コンパス」を活用して価値観を発見する

ゲームデザイナーの近藤英明さんは、自分が何をやりたいのか、どのように生きていったらよいのかを深く考え、自分に最適な時間管理法はないかと相談した友人から『TQ　心の安らぎを発見する時間管理の研究』と『7つの習慣　最優先事項』（キングベアー出版）の2冊の本を推薦された。そしてその考え方を時間管理のツールとして具体化したのが、フランクリン・プランナーだと紹介された。

「よくある時間管理法は、1日24時間を36時間48時間使うという趣旨のものがほとんどなのです。ところが2冊の本は、そうではなくて、『最優先事項をやるんだ』という考え方でした。1日に36時間分活動できるはずはないと従来の時間管理法に疑問を感じていたので、『我が意を得たり』ととても感銘したのです」

近藤さんは、1日は24時間あるといっても実際には人間の脳の働きは、本当に有効に使える時間は短いと考えている。例えば、1日に4時間しか時間を使えないとしたら、どう有効に使えばよいのか、フランクリン・プランナーにはそうした考え方が基底にあり、近藤さんの問題意識にピッタリくるものだった。そこで、近藤さんは直ちに、フランクリン・プランナーを使い始めた。ところが、ほどなく、プランナーガイドの演習から

価値観、役割、ミッション・ステートメントを記述するところで、つまずいてしまった。

「本当に非常に苦しみました。私は価値観、ミッションから日々の優先事項を決めていくというフランクリン・プランナーのやり方が気に入って使い始めたので、自分の価値観をはっきりさせてそれを土台にしないと意味がない、その部分をクリアしないと進歩がないと考えたわけです。そこで、プランナーガイドの演習通りにやろうとしてうまくいかなかったのです」

演習のプログラムに沿って、一通り記述することはできたという。書くだけは書いても、どの部分が自分にとって一番重要なのか判断が付かなかったのである。

そんな時近藤さんが目をとめたのは、『7つの習慣　最優先事項』のなかの「暫定的な役割から出発しても構わない」と述べられている部分だった。

そこで近藤さんは、とりあえず「一週間コンパス」を使って役割を定め、それに基づいて一週間の目標を一週間コンパスに書き込み、それを照らし合わせながら、毎日の「優先事項」を書き込んでいくことにした。一週間コンパスの役割に基づく記述に切り替えてから数カ月、近藤さんは確かな手応えを感じている。

「一週間コンパスに書く役割自体は最初からさほど大きく変わっていないのです。しかし毎日書くことで優先事項が徐々に変わってきています。今までそれが本当に自分が考えている優先事項かどうか曖昧な点もあったのですが、潜在的な優先順位が明確になってきています。例えば、『友人』という役割に沿って書いていくと、あの友達としばらく会っていないなあということが思い出されて、じゃあ会うために行動をとろうということになります。書いていくなかで、自分にとって必要な事柄が浮かんできて、重要な行動を自分の生活のなかに練り込んでいくことができるようになりました」

近藤さんは、『7つの習慣　最優先事項』のなかの「あなたには良心があるのか」という部分が根源的な問いかけだったという。誰しも普段はあまり意識していなくても、良心は持っているはずである。近藤さんが言われるように、フランクリン・プランナーは、そうした人間の根源的な価値観を確立することを意識し、その思想をベースに据えたタイム・マネジメント手法である。そしてそのなかで、自分の価値観を見いだし、それに沿った目標を設定し、日々の行動にまでブレイクダウンして実践していくことはそれほど容易にできることではない。

「自分の本当の価値観を最終的に見いだして、それに沿って行動できるようになるのは試行錯誤の連続ですし、ことによったら何年もかかるかもしれないと考えています。それでもいいのではないかと思うし、諦めずに今のやり方でもう少し続けてみようと思っています。続けていると、何が自分にとって本当に重要なのかが自分の意識のなかで明確になってくるのが次第にわかってきます。しかし、優先事項になお同列の部分があるので、まだまだ自分では練り足りないと思っています。けれども、いつもプランナーを手元に持って考え続けていれば、いつかは最終的に自分で納得のいくものを練り上げることができるだろうと楽観的に考えています」

今多くの人が、自分の人生の目的やアイデンティティを確立したいと考えている。しかし、それはぼんやりしており、なかなか明確にならないことが多い。近藤さんはフランクリン・プランナーというツールを使って役割を明確化し、一つひとつ曖昧さをなくし、自分の価値観を見いだすための道筋を確実につかんだのである。

「自分の生き方を真剣に考えている人は一度、フランクリン・プランナーを使ってみませんか。そして、とりあえずの目標や役割でもいいから、どんどん書いていくといいと思います。あなたが思ってもみなかった発見があると思うし、自分の人生にとって必要な何かを発見することができるはず」と近藤さんは実感を持って語ってくれた。

一週間コンパスで自分の能力を磨く

役割の定義こそ、効果的に自己管理を行う要となる第Ⅱ領域（100ページ参照）の最初の、そして最も重要な実践である。そのために使われるのが、透明のページファインダーに1週間毎に挟み込む「一週間コンパス」だ。

一週間コンパスでは「役割と目標」欄に、その週の自分の役割と目標をそれぞれ具体的に書き込んでいく。そして、日付欄には、一週間の始まりの日と終わりを記入する。また、『7つの習慣』に基づく計画の6つのステップがカードに印刷され、忙しい毎日でも生きる上での価値観を磨くための順番がわかるようになっている。

まず最上段にのこぎりの歯の形をした「刃を研ぐ」という役割の項目がある。「刃を研ぐ」とは『7つの習慣』の7つ目の習慣からとったもので、自分を磨くための活動を行うことだ。ここには毎週、自分の「肉体」「社会・情緒」「知性」「精神」、それぞれの刃を研いでいく内容を具体的に書き込んでいく。

その下に、役割と目標を書き込む欄がある。ここには、ミッション・ステートメントを書く過程で自分で定めた役割を書き込んで、一週間単位での目標を書き込む。例えば、「父」という役割であれば「子供と遊ぶ」、「企画担当」という役割であれば「調査会社から販売資料を入手する」などになる。

また一週間コンパスの裏は、一週間単位の課題を常に意識するための最適なツールだ。例えば、仕事のサイクルが比較的早い人や、週末にお客様が集中するサービス業関連の方などは、ウィークリーのタスクとして「金曜日に行うリスト」として活用するのも一法だ。

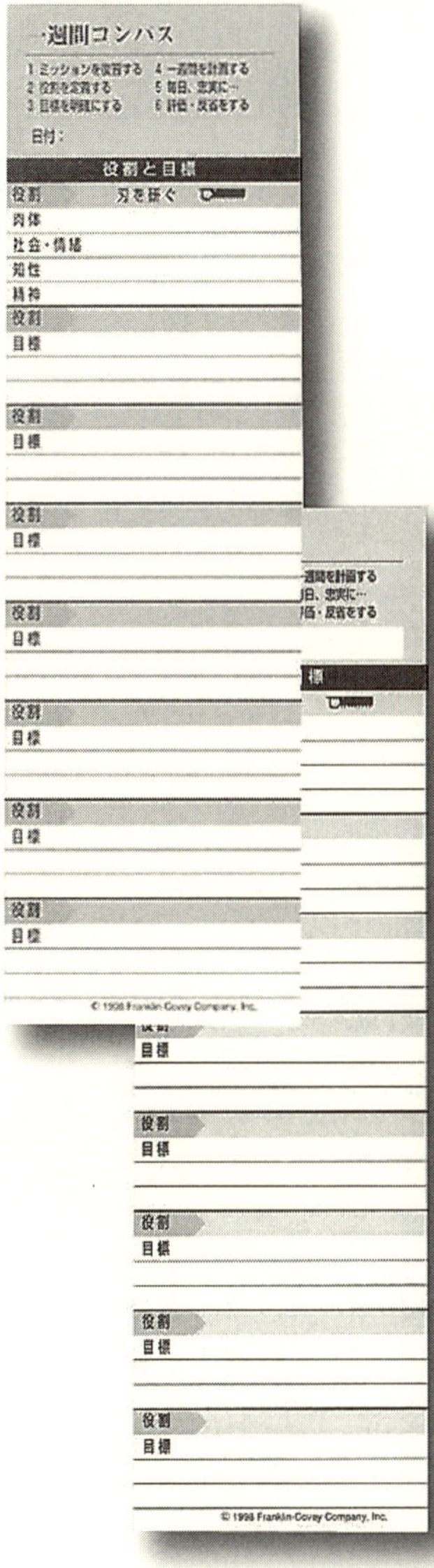

書くことで自分の考えが明確になり、より深化する

人間は文字を書きながら物事に対する考えをまとめていくという習性を持っている。頭のなかで、あれこれといろいろな想いが行き交い、考えがまとまらない時に、自分でペンをとって、いろいろな想いを書いているうちに考えが一つの方向にまとまっていくことがよくある。

フランクリン・プランナーでは、何種類もの質問を用意し、あなたがそれを演習することによって、自分の考え方をより深めていけるようにしている。また、どのページにもメモ欄やメモ用リフィルなども豊富に用意し、できるだけ自分の手で書き込むことができるように工夫を凝らしている。

例えば、自分の「目標」とは何だろうか、と日頃漠然と思っていることを見つめ直すために、それを言葉にして「目標」ページに書き出す。書き出した内容は文章として記述されることで、自分自身で客観的に捉えることができるようになる。そしてさらにそれを具体的に考え、今度は「中間ステップ」欄に書き込む。こうしたプロセスを何回も繰り返すうちに、自分が納得できるものが出来上がるのである。

書いて忘れる快感

私たちはいつもスケジュールに追いまくられるように生活している。フランクリン・プランナーがこうしたあわただしい生活に、いかに「心の安らぎ」を与えてくれるものかを紹介しよう。

今日は8月12日。客先の田中さんから1年先の行事について可能かどうかの問い合わせがあった。そこで、1年先のスケジュールがまだ確定していないので、4カ月ほど先に再度連絡を取り合うことにした。そして、12月12日午前10時に電話をかけることにした。そこで、8月12日の「今日の出来事」に、「12月12日午前10時、田中さんに電話」と記入する。

さて、この電話があったのは、8月12日だ。通常、フランクリン・プランナーにはデイリーページを3カ月分しか入れていない。残りは自宅の保管用バインダーのなかである。そこで早速、自宅に帰ると保管用バインダーを取り出し、4カ月先の12月12日のページを開いて、「田中さんへ電話」と書いて、その隣に「(8/12)」と書き込むだけである。

そしてバインダーを閉じた瞬間から、Aさんのことは4カ月間も完全に忘れてしまう。こういう使い方をすることによって、田中さんの名前やその他のことまで無理して覚える必要はない。必要な時にフランクリン・プランナーを開けば、簡単に記録を確認でき、それによって記憶が甦る。何も覚えてなくてよいというのは、それだけで心が大いに休まるものなのだ。

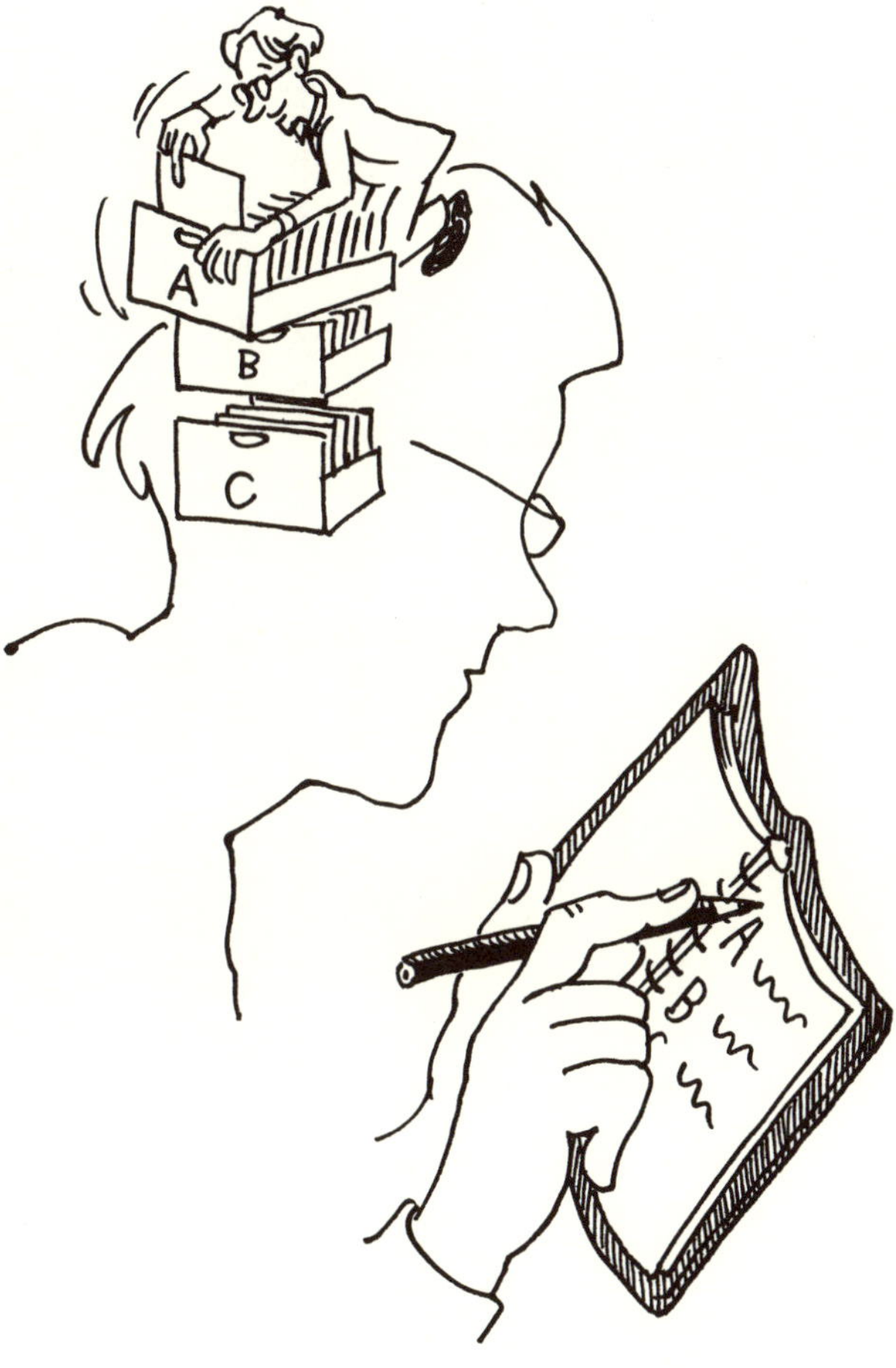

A
B
C

計画は自分にできることに集中する

大きな計画（目標）の場合、上司や部下など、他人に頼らなければできないこともよくあることだ。例えば、あるプロジェクトの進行に携わった場合の計画を考えてみよう。そんなとき、あなたのリフィルに、「上司から承認をもらう」、「鈴木さんにパートナーの紹介を受ける」といった計画が書いてあったら失格だ。なぜなら。そこにはあなたの行うべき課題が書いていないからだ。

ここはあくまで「自分が何をするのか」という観点で書くことが必要だ。「提案書を作成する」、「上司の承認を取るためにプレゼンテーションのアポを取る」、「鈴木さんにパートナーの基準について説明する」といった具合に、自分が「何をするのか」という点を明確にすることが必要になる。つまり、計画を立てるときには、「自分は何をすべきか」ということを常に盛り込むようにすることで、「他人待ち」状態から脱却できるはずだ。

計画のために一日15分を確保する

計画のために時間を使うほど、全体にかかる時間は少なくてすむ

あなたの最近一週間の生活を振り返ってみてもらいたい。そしてこう自問してほしい。「私は一日平均何分、計画のために時間を費やしただろうか」と。ここで言う「計画のための時間」とは、椅子に座ってその日の行動や自分の価値観やその優先順位について考える時間のことである。ほとんどの人がぼんやりとしている時間はあっても、目的意識的な「計画のための時間」は、ほとんど取っていないことに気づくはずである。

実際には、ある活動に少しの時間を割くことによって、自由に使える時間が逆に増えることが法則的に明らかになっている。計画のためのわずかな時間が「てこ」になって、豊かなたくさんの時間を生み出すのだ。

一日わずか10分から15分で十分なのだが、そのメリットは多岐に渡り、限りなく大きい。取り組んでいる課題やその期限が明確になる、大切な事柄に焦点が絞られる、次のプロジェクトへの移行時間が短くてすむ、一日の終わりに味わう達成感が大きいなど、その効果は図り知れない。

通勤の電車のなかでもいい。寝る前の時間でもよい。できるだけ決まった場所で同じ時間帯で、ゆっくり落ち着いた10～15分を確保し、フランクリン・プランナーの自分の価値観やミッション、ある

いは月間主要課題、一週間コンパスを見ながら、今日行うべき事と優先事項をじっくりと考える。そうすることで、今日一日の計画を本当に納得して行えるようになるのだ。

自分に対し常に誠実であること

計画は立てた。しかし、実行できない。大抵の人が経験したことがあるように、このジレンマに陥る人は多い。よく考えてみると、このパターンにはまりこんでしまう場合には共通の特徴がある。日常生活のなかで絶えず発生する、突然の来客や一方的にかかってくる電話、意味のないつき合いや形ばかりの冠婚葬祭など、緊急ではあるがほとんど重要性がない出来事に振り回されて、毎日を過ごしてしまう。

その結果、一人でまわりの環境に影響されずに立てた計画は、緊急な出来事への対応に追われて、「絵に描いた餅」になってしまい、ほとんど実行できずに終わってしまうのだ。そのままの生活を続けていれば、いくら計画を立てたとしても、始終他人の優先順位や期待に振り回されて、自分自身にとっては主体的でない、不本意な人生を送ることになりかねないのである。

では、どのようにしたら、このジレンマから抜け出すことができるのだろうか。あなたは、他人と約束したことはまず、破ることはないだろう。そうした誠実さは、ほとんどの人が持っているはずである。それを自分自身に適用することである。すなわち、他人との約束を守るように、自分との約束を守ることを日々の生活のなかで、優先すべきなのである。他人に対する以上に自分に誠実になること、これこそが自分で立てた計画を本当に実現していくために意識すべき事柄なのである。

第3章 「最も大切なこと」を発見してから計画・実行する

「最も大切なこと」を発見し人生を豊かに生きる

3つの切り口から「最も大切なこと」を発見する

今まで、フランクリン・プランナーのタイム・マネジメント・ツールとしての使い方を見てきた。フランクリン・プランナーはタイム・マネジメント・ツールとして非常に優れた機能を備えている。しかし、他のシステム手帳との決定的な違いは、自分にとって「最も大切なこと」を発見し、それに沿って日々の行動を組み立てられるようになっている点だ。

フランクリン・プランナーは、あなたが自分自身の「最も大切なこと」を発見するための3つの切り口を用意している。その1つは、理想的な生き方に近づくための具体的な行動指針である「Value（価値観）」。2つ目は、「Role（役割）」。すなわち、理想とする生き方を実現するために果たすべき役割である。そして最後が、あなた自身の理想とする生き方や生きる目的を表す「Mission（ミッション）」である。

フランクリン・プランナーを活用すれば、この3つの切り口から、「最も大切なこと」を発見できる。フランクリン・プランナーは、あなたが自分の人生を豊かに生きるための羅針盤の役割を果たすのである。3章ではどうして「最も大切なこと」が重要なのかを考える。そして、実際に「最も大切なこと」を発見するために役立つ質問を「付録」に用意したので利用して欲しい。

ROLE
(役割)
ミッション
VALUE
ミッション
価値観
最も大切なこと

ベンジャミン・フランクリンの13の徳目

フランクリン・プランナーは、アメリカ独立宣言起草者の一人として18世紀アメリカを代表する政治家であり避雷針の発明家、多くの事業を興した実業家としても歴史に名を残すベンジャミン・フランクリンから名付けられている。

ベンジャミン・フランクリンは、フィラデルフィアで印刷業を営んでいた22才の頃、「道徳的完成に到達しよう」という大胆で、困難な計画を思いついた。

そこで、「自分の人生にとって何が最も大切なのか」を考え、最終的にそれを3年間かけて13の徳目（価値観）にまとめあげた。そして、小さな手帳を作り、その価値観に1ページずつ割り当て、一日一日の生活を正していったのである。アメリカ資本主義初期最大のイデオローグであったベンジャミン・フランクリンの自分自身の価値観を発見し、それに沿って生き方を変えていった生き方は、現代に生きる私たちにとっても十分に示唆的であり、学ぶ点が多い。

私たち一人ひとりはそれぞれ異なった価値観に基づいて生活している。日々の行動を司る価値観は、あなたにとって最も大切なものだ。価値観は、「正直」「愛」「信仰」など人の生き方や信条を含むものであり、また人格の基盤となる。なぜそれが大切なのかをあなたが細かく説明するのは難しいかもしれないが、それはあなたにとって、とても大切なものである。一人ひとりの価値観がどのようなものであれ、それは次の質問に対する最も明確な答となるものである。

「私の人生で最も優先順位の高いものには、どういうものがあるだろうか」

「そのなかで私が最も価値を置くものはどれだろうか」

　こうした問いかけのなかから、自分自身の価値観を発見することが、とても重要である。

理想的な生き方に近づくための具体的な行動指針である価値観を発見する

価値観は誰もが持っている

　ここでいう価値観とは、日々の行動の指針となる基本的な考え方、すなわち「行動指針」であり、道徳観や倫理観と言い換えることもできる。具体的な例としては、次に挙げるようなものが含まれる。

・勇気、誠実、正直、良心、謙虚
・自主独立、リーダーシップを発揮する
・家族の成長、経済的な成功、ライフワークの実現

などである。勇気や誠実、良心などという言葉を聞くと、古き良き日本が置き忘れていったものという感覚かもしれない。しかし、これは現代にも立派に息づいているし、人間の行動を左右する大きな価値観だ。

　例えば、自動車会社でのリコール騒動や、狂牛病における農水省の対応、一連の外務省の不祥事などを見れば、「勇気」「正直」「良心」といった価値観がいかに大切かを思い知らされる。また、こうした事件が発覚したのは、内部に働く者の「勇気」「正直」「良心」に基づいた内部告発であることが多

い。これは、個人だけでなく組織の行動指針としても「最も大切なこと」なのだ。

常日頃、こうした指針に基づいて行動していれば、不祥事は未然に防止され、雪印食品も解散に追い込まれることはなかったはずだ。ただ、これらが本当に自分の行動指針として根付くためには、自覚していなければならない。ほとんどの人は無意識のうちに、内なる価値観に従って行動しているはずだが、異なる価値観がぶつかった場合、どちらを選択するか迷うことになるからだ。

例えば「経済的な成功」と、「正直」がぶつかる場合がある。犯罪に手を貸せば経済的な成功は得られるかも知れないが、「正直」を裏切ることになる。ここで、「経済的な成功」よりも、「正直」を優先すると自覚していれば、迷うことなく犯罪からの誘惑を断ち切ることができるはずだ。

価値観を視覚化する

誰にでも価値観がある。しかし、価値観は人によって違う。子供の頃の生活やこれまでの経験、持っている才能や興味、性格によって異なってくる。だからこそ、「こういう価値観を持ちなさい」とは言えないのである。

例えば、ある男性は、自らの価値観を次のようにまとめている。

①常に誠実であること
②何事にもチャレンジすること
③物事に柔軟に対応すること
④正直であること
⑤経済的に自立すること
⑥前向きに考えること
⑦言ったことは実行すること
⑧謙虚であること

この例からもわかるように、言葉や形式は問題ではない。大切なことは、自分の価値観を探し当て、それを自分でわかる言葉に表現し、その価値観が人生でどんな意味を持つか説明を加えることである。

人生において「最も大切なこと」が紙の上に書かれると、人は今までに味わったことのないような明確な目的意識を持つことになる。価値観を発見し、それを紙に書くという作業を続けていると、一つひとつの価値観について何をしたらよいか、アイデアがたくさん心に浮かんでくることだろう。

参考のために、フランクリン・コヴィー社が１９９２年に米国で行った全国的な調査から価値観のリストを紹介することにしよう。ここでは、人生で最も大切なものは何かを尋ねた。回答はさまざまだが、ほとんどすべてこのリストに集約されているといっていいと思う。この結果は、多くの人々が人生において何を最も大切なものとして考えているかを表わす一つのサンプルである。

あなたの価値観はあなただけのものであることを心に留め、このリストに挙げた価値観にこだわる必要はない。ほかに大切だと思うことがあれば、あなたにとってそれが大切なものなのである。

人生において最も大切なものベスト20

1. 夫または妻
2. 経済的な安定
3. 健康と体力増進
4. 子供と家族
5. 神／宗教
6. 達成感
7. 正直 誠実
8. 仕事上の満足感
9. 人々への愛／奉仕
10. 教育
11. 自尊心
12. 責任感
13. リーダーシップ
14. 心の平安
15. 自主／独立
16. 知性と知恵
17. 理解力
18. 質の高い生活
19. 幸福
    積極的な態度
20. 楽しみ

価値観に優先順位を付ける

ベンジャミン・フランクリンが自分自身の生きる上での価値観＝13徳を確立し、それに従って生きたことはすでに紹介したが、彼がそれぞれの徳を打ち立てていったプロセスは、価値観とは何かを理解する上で大変に役に立つ。ベンジャミン・フランクリンは言う。

「私がそれまでに読んだ本には、いろいろの種類の徳が列挙してあったが、その徳目の数を見ると、多いのもあれば少ないのもあった。それは著者によって同じ名称を用いながら、それに含ませた意味に広い狭いの別があったからである。（中略）私自身は明確を期するために、少数の名称に多くの意味を含ませるよりも、名称は沢山使って、各々の含む意味はこれを狭く限定しようと考えた。そこで私は、当時自分にとって必要であり、また望ましくも思われたすべての徳を13の名称に含めてしまい、その各々に短い戒律を付けたが、それを見れば、私がそれぞれの徳をどのように解したかがはっきりわかるはずである。（中略）私はこれらの徳がみな習慣になるようにしたいと思ったので、同時に全部を狙って注意を散漫にさせるようなことはしないで、一定の期間どれか一つに注意を集中させ、その徳が修得できたら、その時初めて他の徳に移り、こうして13の徳を次々に身につけるようにして行ったほうがよいと考えた。またある一つの徳をさきに修得しておけば、他のいずれかの徳を修得するのが容易になろうとも思ったので、私は前に挙げたような順序に徳を並べたのである」（『フランクリン自伝』岩波書店）

ベンジャミン・フランクリンは、最初に自分の価値観を特定し、優先順位を付けて並べ、それに説明文をつけていった。フランクリンにとって優先順位とは、どの時期にどの価値観に集中するかという順番であった。一般に価値観は優先順位と混同して用いられることが多い。しかし本来、価値観とはベンジャミン・フランクリンが言うように、「自分にとって必要で望ましく思われたすべての徳」であり、ここでいう優先順位とは重要性の差ではなく、最も必要とする価値観に先に着手するという意味なのである。その点を明確に区別することが必要である。

役割から「最も大切なこと」を発見する

人生における役割とは責任を果たすこと

次に役割について、考えてみよう。役割は人によって、さまざまである。例えば、次のような具合だ。

・会社の課長
・会社の同僚
・学校時代の友人
・会社における新規事業立案の責任者
・経理のプロ
・事業の企画提案者
・夫
・妻
・伴侶
・父親
・息子

・長男
・生徒
・地域社会の一員
などであるが、そのほかにも、たくさんの役割が考えられる。

　そうした役割のなかで、「上司から失敗を指摘される」「家族から不満を言われる」など、通常、自分自身にマイナスに働きそうな出来事はよくあることだ、その際、「組織のなかでの自分自身の役割」「家族のなかでの親としての役割」から、その出来事を考えてみると、何らかの責任を果たしていなかったことに気づくはずだ。そうした指摘や不満は、本来自分がその役割のなかで果たさなければならないことであったり、責任をないがしろにしていることによってもたらされたはずなのである。そう考えれば、必ず解決策を見いだすことができるはずだ。

役割と役割の間のバランスをとる

出来事を管理する際に、多くの人が感じる最大の苦痛は、おそらく「役割と役割の間のバランス」が取れないことだろう。

例えば、健康や家族との時間、人間関係などの重要な分野を犠牲にして、仕事などに途方もない時間を割いてきたことに気づくことがある。さまざまな分野における役割を認識している人でさえも、行動を選択する際、どちらを優先すべきかわからず、戸惑っている。まるで、彼らが持つさまざまな役割は、限られた時間のなかで常にお互いがぶつかり合いながら競合しているようだ。

とりわけ、多くの人が感じている問題点は、「仕事」の役割と「家庭」の役割の対立である。その結果、今のままでは人間関係作りや自己啓発が十分にできなくなってしまうことに関する不満である。心の奥では、「バランスをとれ」という声が聞こえてくるかもしれない。しかし、多くの人は、バランスを崩してしまうような感覚に常に襲われる。

どうしたら、バランスをとることができるのだろうか。普通、人は家庭での役割と職場での役割を全く違ったものとして考え、さらにそれらを自己啓発やボランティア活動とは別のものとして考える。その結果、物事を「どちらか一つ」と考えてしまう。つまり、焦点を合わせられるのは、一度に一つの役割だけだと考えてしまうのである。

しかし、考え方を全く転換させて、それぞれの役割同士で相乗効果を発揮させることができれば、驚くような変化がもたらされる。例えば、娘をテニスに連れて行くとしよう。その時に「運動」するという「自分の成長の目標」と、娘との関係作りという「親としての目標」を結びつけることができる。こうした考え方ですべてを見られるようになれば、「どちらか一つ」という考え方を乗り越えることができるようになる。

役割は人生のなかの季節と同じように変化する

人間の一生は長い。そのなかで自分自身が果たすべき役割もさまざまに変化する。そのため、自分自身の役割を考える際には、固定的にではなく、長い人生のライフサイクルのなかで柔軟に考える必要がある。そして、人生を通して全体としてバランスがとれるようになればよいのである。

例えば、あなたが30才代で、結婚したばかりだとしよう。この時期、あなたは残業もいとわず、一所懸命に働いてお金を貯め、夫婦で築く人生の基礎を作り出すことに精を出すことになるだろう。そこでは、仕事上果たさなければならない役割が中心になる。

そして40代になって、子どもができ子育てが大きなテーマになった時期には、仕事より妻と子どもを中心とした家庭生活にウエイトを置いた「父親」「母親」や「夫」「妻」としての役割が中心になるかもしれない。さらに、50代になり、両親が年老いてくれば、両親の介護などの問題にも直面する。その場合には、両親との関係を重視した「息子」「娘」としての役割が前面に出てくるだろう。

ここに挙げたのはほんの一例だが、人それぞれにさまざまな役割があり、ライフサイクルのなかで、それは季節と同じように変化する。そうした役割を引き受け、自分で決定していくことが必要である。その場合に重要なのは、その時期の役割を配偶者や家族に十分理解してもらうことである。

例えば、30代で、仕事上の役割に中心を置いた生活をすることにしたとしよう。その結果、必然的に仕事中心の生活にならざるを得ず、家族で過ごす時間が少なくなるなど、家族との関係が弱まってしまう。そうした状況を家族と話し合い、納得してもらうことが大切である。そのプロセスを経ていれば、それ以降、ライフステージに応じて役割のウエイトを変えようとする時に、家族の理解は確実に得られるはずである。

仕事と生活を統合して考えるワーク／ライフ・バランス

ワーク／ライフ・コンサルタントのパク・ジョアン・スックチャさんが、フランクリン・プランナーを使い始めたのは、1995年。2000年末に独立し、現在、人が仕事と私生活をどのようにバランスをとって働いていくのかについてのコンサルティングを行っているが、かれこれ7年以上もプランナーを使いこなしている。

パクさんは「時間は人生である」と考えている。すなわち、時間は一度過ぎ去ってしまったら、リセットすることができないし、貯めることもできない、そしてリプレイスすることもできない。時間は一回きりのもので、それは自分の人生をどう過ごしていくかと同義である。そこで、時間を効果的に、意味のある使い方をすることは、人生を効果的によりよく生きていくことである。例えば、ベンジャミン・フランクリンは「勤勉：時間を空費するなかれ。つねに何か益あることに従うべし。無用の行いはすべて断つべし」（『フランクリン自伝』第6徳）と述べている。

「アメリカ人は一般的に時間を無駄にすることを嫌がります。すごくシビアに考えていて、自分の時間を無駄

にしないだけではなくて、他人の時間も無駄にしないという考えにまで発展しつつあります。例えば、10人のミーティングで、一人が10分遅れたとします。そうすると、合計１００分の無駄になります。時間は有限であり、無駄にできないという考え方なのです」

日本人の多くは、時間は無限であると考えているのではないだろうか。そのため、一日の仕事も午後10時だろうが、11時だろうが終わる時に終わればよいという人が多い。一方アメリカ人の場合、6時、7時には切り上げて家に帰り、子供と遊んだり、一緒に食事をすることは当たり前のことである。そのため、6時なら6時というデッドラインを決め、そこを目標にして集中的に仕事をする。そのためには限られた時間をいかに有効に使うのかが、大きなテーマとなる。そこでは時間の観念が大きく違っているのである。

「普通の人は仕事が来れば、来た順番通りにやっていくでしょう。ところが、優秀（有能）な人は仕事にＡＢＣとプライオリティをつけていって、Ａからやっていきます。Ｂのレベルの低いものやＣは切り捨ててやらないのです。そうでないと、デッドラインのなかで仕事ができません。普通の人のように順番にやっていくと、時間はいくらあっても足りないし、Ａが最後の方になってしまって、手抜きになってしまいかねません。人生も同じです。デッドラインは必ずあるのです。それを意識して、毎日を過ごしていくことがとても大切なのです」

フランクリン・プランナーでは「価値観」をとても重視する。価値観とは「自分にとって一番大切なもの」である。例えば、「タバコは健康に悪い」という人がタバコ会社の営業をやるのは、「価値観」に反している。それで営業をやるか、やらないか。「正直」を価値観としている人は、タバコは売らない。しかし、「安定」や「チャレンジ」を価値観にする人は売るかもしれない。このように、自分の価値観を考える時には、自分で意識して自分の行動の背景には何があるかを考えていく。それが価値観を明確にしていくプロセスに繋がっていくのである。

例えば、「家族を大切にする」を自分の価値観にしていると言いながら、毎日夜遅くまで残業しても平気な人がいる。これはその人の価値観に嘘があることになる。価値観を定めたら、それを意識して行動にしていく必要がある。そうでなくて、価値観と行動にギャップがあり続ける限り、「心の安らぎ」と充実感は得られない。

そうは言っても、実際に価値観を明確化し、それに基づいて意識的に行動するためには、意識、時間、努力、そしてさまざまな試行錯誤が必要だとパクさんは言う。

「二人目の子供が生まれ、仕事と子育てで手一杯の時期がありました。私は『友だち』を重要に考えていたので、このままでは友だちがいなくなってしまうと危機感を持ちました。そこで毎月一回の海外出張の時に、必ず絵ハガキを買い、サンキューメールも含めて7～10人に出すようにしたのです。それで友人とのつながりを失わなかっただけでなく、かえって強い関係ができた人もいます。こんな風に、自分から働きかけて、ちょっとした努力を継続的に行っていくことが重要です。誰もが生きてきてよかったと言える人生を送るためには、日常的な小さな意識、働きかけと努力が必要です」

社会が24時間365日休みなく動くようになった現代では、本当に意識して自分の行動を計画しないと、忙しく仕事だけをこなしているうちに、毎日が終わってしまう。「仕事と私生活では同じ1時間でも時間の価値が全く違う」とパクさんはいう。1日10時間働くとすると、1時間はその10％である。一方、私生活に振り向けられる時間が2時間しかない場合、1時間はその50％の比率を占める。そう考えると、1日10時間働いた上でさらに1時間10％追加して働くのであれば、同じ1時間でも50％の価値を持つ私生活にその時間を利用する方が、よほど意味が大きいことになる。

「1時間しか時間がないなかで、何をするのか。仕事か私生活か。仕事以外で考えると、子供と一緒に遊ぶか、自己成長のために勉強をするか、自分の健康のためにエクササイズをするか。それぞれ自分の価値観のなかで、プライオリティを付けてその行動を決定し、とても貴重なその1時間にあてるのです。ともかくいつかやろうでは永遠に行動することはできません。優先順位を付けて、意識して行動することがすべての始まりなのです」

自分としての役割は自分自身の能力を向上させ、自分を磨くこと

自分自身に対する責任

役割は他人に対してだけではない。自分自身に対する役割もある。それは自分を常に磨くために、自分自身が果たすべき責任があるということを意味する。

私たちは、自然から授かった、肉体的側面、精神的側面、知的側面、そして社会・情緒的側面という4つの側面を持っている。この4つの側面を常にリフレッシュさせ、再生させていくことが、自分自身の役割になる。そのためには、この4つの能力すべてをバランスよく伸ばしていく必要がある。

自分自身の能力をバランスよく、向上させることは、「重要であるが緊急ではない第Ⅱ領域」の活動に属するので、どうしても後回しになってしまいがちだ。しかし、自分を磨くことで能力がアップすれば、効率が上がって時間的余裕ができるばかりでなく、緊急な出来事も減らせるはずなのだ。

自分に対する役割を果たすことができなければ、いつまで経っても緊急な出来事に追い回されているほかない。自分の役割は他人に代わってもらうことはできない。だから、自ら行動するほか役割を果たすことはできないのだ。

刃を研ぐ

肉体、精神、知性、社会・情緒という4つの側面すべてをバランスよく伸ばしていくことを、フランクリン・プランナーでは「刃を研ぐ」と呼んでいる。

『7つの習慣』のなかで、コヴィーは次のような例を挙げている。

森のなかで木を倒そうと、一所懸命ノコギリを引いている木こりに会ったとしよう。

「何をしているのですか」とあなたは訊く。

すると、「見ればわかるだろう」と、無愛想な返事が返ってくる。「この木を倒そうとしているんだ」

「すごく疲れているようですが……。いつからやってるんですか」あなたは大声で尋ねる。

「かれこれもう5時間だ。くたくたさ。大変な作業だよ」

「それじゃ、少し休んで、ついでにそのノコギリの刃を研いだらどうですか。そうすれば仕事がもっと早く片づくと思いますけど」とあなたはアドバイスをする。

「刃を研いでる暇なんてないさ。切るだけで精いっぱいだ」と木こりは強く言い返す。

第7の習慣は、刃を研ぐ時間をとる習慣だ。第7の習慣は、他のすべての習慣を可能にするから、『7つの習慣』では、第7の習慣が他のすべての習慣を取り囲んでいる。私たちが豊かで充実した人生を営むためには、この4つの側面のそれぞれについて、定期的に刃を研ぐ時間をとっていく必要がある。

自分の行動を知り、備える

フランクリン・プランナーでは、「一週間コンパス」の「役割と目標」の最上段に「刃を研ぐ役割」欄を設けている。そして、「肉体」「社会・情緒」「知性」「精神」の側面から、毎週定期的に記入することによって、自分自身をパワーアップするようにしている。詳細は『7つの習慣』を参照していただくとして、ここでは、「肉体」「精神」「知性」「社会・情緒」の内容について、簡単に紹介しよう。

肉体

肉体的側面において刃を研ぐことは、自分の身体を大切にすることである。バランスのとれた栄養のある食事をとり、十分な休養を心がけて、定期的に運動することだ。運動には緊急性がないから、なかなか実行できないが、非常に波及効果の大きい第Ⅱ領域の活動の一つである。あなたが運動をしないでいると、身体を疎かにした結果として、いつかは自分の健康を損ねて病気になり、第Ⅰ領域に入り込んでしまう可能性が高い。

精神

精神的な側面で刃を研ぐことは、自分を奮い立たせる源を見いだすことである。この側面を伸ばす

肉体
社会
情緒
精神
知性

方法は、人によってさまざまであるが、具体的な例をいくつか挙げてみよう。

旅行をする／ボランティア活動をする／文学書や教典を読む／座禅や瞑想をする／ミッション・ステートメントを書く／ミッション・ステートメントを読む／音楽を聴く／映画や芝居を見る／温泉に入ってゆったりする／動物やペットと接する

挙げればきりがないが、あなたに最適な方法を自分で選ぶことが大切である。

知性

知的側面で刃を研ぐことは、知的能力の開発である。具体的には、継続的に自分の思考能力を磨き、それを高めるための活動（教育）を行う。

例えば、優れた本を読む、自分の経験や思いつき、学んだことを日記やメモなどに書く、目的をもって、それを達成するために知力を働かせるスケジュールや計画の立案などによって行われる。主体的に物事を考え、行動する人は、自分自身を教育するために、自らさまざまな方法を見いだし、知力を向上させることができる。

社会・情緒

肉体、精神、知性という3つの側面を養っていくには時間がかかるが、最後の「社会・情緒」的側面で刃を研ぐためには、とりたてて時間を割く必要はない。つまり、社会・情緒的側面は、あなたが現在過ごしている生活のなかで、ほかの人と接する活動を通して、そのほとんどを養うことができるからだ。

例えば、あなたが日常何気なく交わしている他人との会話／友人を作ること／自分で参加したり、主催したりするパーティーや集まり／チーム活動やチームでやるスポーツ／家族での活動／仕事／政治的な活動／会議や対談／手紙を書くこと、などである。

フランクリン・プランナーでは、以上の４つの側面について、一週間コンパスに自由に記入できるようにしている。あなたも一週間コンパスを使って、４つの側面をバランスよく伸ばしていくための努力を始めてみよう。

人間固有の「自覚」「良心」「想像力」「自由意志」の4つの能力をどう伸ばしていくのか

今、あなたはどんな気持ちでいるだろうか。今の気持ちを言葉で表現するとしたら、どうなるだろうか。あなたが考えていることについて、自分自身で思いを巡らせてみよう。

こうした質問は人間にしかできない。動物にはこの能力がない。これは、人間だけが持っている、自分の考えや自分自身について客観的に見つめる「自覚」という能力である。

コヴィーは、『7つの習慣』のなかで次のように言う。

「自覚」があるからこそ、人間は世界の万物を支配し、世代から世代へと有意義な進歩を遂げることができた。自覚によって、人は自分の経験だけでなく他人の経験からも学ぶことができる。またこの能力を発揮することにより習慣を作り、習慣を変えることもできるのである。

それだけではない。人間は自覚のほかにも、人間だけが持っている独特な性質「想像力」「良心」「自由意志」を持っている。想像力とは、現在の状況を超えて頭のなかで想像する力である。良心は、人間の心の

奥底で善と悪を区別し、正しい原則を知り、今の思いや行動がどれだけ原則と調和しているかを認識する能力である。そして自由意志とは、周りのあらゆる影響に縛られることなく、自覚に基づいて行動する力である。

では、「自覚」「良心」「想像力」「自由意志」という能力は、どのようにして伸ばしていったらよいのだろうか。誰もが人間固有のこの4つの能力を持っている。皆、自覚という能力を用いたことがあったはずであり、それに従って行動したことがあるはずである。それとは反対に、そのときどきの感情や状況に流されるままの行動を取ることもあったはずだ。

問題は、「独自の能力をどれだけ開発しているか、そして、それが自分の生活にどれだけ影響を及ぼしているか」という点にある。次の質問についてじっくりと考えてみてほしい。いずれの質問も、4つの能力の内容に関するものである。あなたの回答は、人間としての4つの独特な能力をどの程度開発しているか、生活のなかでこうした能力をどのくらい活かしているかを示している。

自覚から始まる

1. 自分自身の考え方・立場・感情などを客観的に見つめて、必要とあればそれを変えるようにしているだろうか。

2. 自分のものの見方や行動・態度が、実際の結果にどのように影響しているかを意識しているだろうか。

3. 自分の本当の価値観と、育ちや周りの人たちから与えられた先入観や動機づけの区別をすることができるだろうか。

4. 周りの人たちの反応やフィードバックから学ぶことができているだろうか。

良心に基づいて考える

1. 「今、○○をすべきだ」、あるいは「今しようと思っていることをやめるべきだ」と心のなかで感じることがあるだろうか。

2. 自分の心のなかの指令と社会一般の考え方の違いを意識しているだろうか。
3. 誠実さや信頼性といった普遍的な原則の存在を深く意識しているだろうか。
4. 人がどう思うかより、何が正しいかを考えて行動するようにしているだろうか。

想像力を働かせる

1. 前もって計画を立てているだろうか。
2. 自分の現状に左右されず、将来のことを想像できるだろうか。
3. 自分の目標を再確認し、それを達成するためのイメージトレーニングを活用し、達成したときの自分の姿を想像しているだろうか。
4. 問題に直面したとき、ほかの人の意見を求め、創造的な解決策を見いだそうとしているだろうか。

自由意志に基づいて行動する

1. 自分や他人に対して約束をして、それを守る力があるだろうか。
2. 流れに逆らってでも、自分の決意や心の指令に基づき行動できるだろうか。
3. 生活のなかで有意義な目標を設定し、確実にそれを達成することができるだろうか。
4. そのときの気分や感情に左右されず、自分自身の約束や決意を守ることができるだろうか。

ミッションから「大切なことを」を発見する

ミッションとは、あなたが何のために生きていくのかという「目的」のことである。
例えば、
・優雅な生活を送るために、経済的に自立する。
・誰にも真似のできないことをやるため努力を惜しまない。
・家族が楽しく過ごせるよう。家族全員力を合わせる。
など、人によって千差万別である。

ミッション・ステートメントを書くための準備

さて、その上で、ミッション・ステートメントを書くための準備をすることにしよう。これは、あなたの人生の目的を明らかにし、「価値観」「役割」とはまた違った側面から、あなたの「最も大切なこと」を明らかにする。

まず、自分が亡くなった場合にあなたの告別式で読み上げられる弔辞の内容を考えてみよう。私生活におけるあなたの友人はどんな弔辞であなたを送るだろうか。職場の同僚・部下はどうだろうか。地域社会での友人、そしてあなたの家族はどのような弔辞を述べるだろうか。人生を終えた自分自身を考えてみると、何のために生きているのか、という問いかけに対するあなたなりの答えが浮き上が

ってくる。
　次に、あなたが人生のなかで、「所有したいもの」「やりたいこと」、そして「なりたいもの」について、考えてみることにしよう。
　あなたが一生の間で、家や車、幸せな家族など有形無形を問わず、所有したいものは何だろうか。続いて、所同じように、やりたいことは何だろうか。すべてリストアップしてみよう。また、どのような人物になりたいだろうか。
　こうした質問への答えを考えるなかで、あなたは自分自身に必要なミッション・ステートメントを書く準備が整っていくのである。

ミッション・ステートメントを自由に書く

「最も大切なこと」を発見したあなたは、すでに十分にミッション・ステートメントを書く準備が整っているはずだ。ただ、ミッション・ステートメントと言っても、目新しいものではなく、大げさなものでもない。古代から現在まで、さまざまな文化において、○○何箇条といった条文、綱領や理念という形で作成されてきている。

すでにあなたも自分のミッション・ステートメントを会社の研修などで書いているかもしれない。形式は自由なので、ミッション・ステートメントだと意識しないこともある。すべての人は個性を持っているので、個人的なミッション・ステートメントは、落書き、メモ、俳句、短歌、小説、歌や詩など、内容や形式はさまざまで、その人の個性を映し出すものになる。

形式は何であれ、個人のミッション・ステートメントは、個人の憲法としての役割を果たす。国の憲法は、ほかのあらゆる法律を評価する基準となり、国家の行動基準と国民の権利と責任を定義するものである。憲法が正しい原則に基づいていれば、ほとんど改正する必要はない。なぜなら、不変の原則に基づいた憲法は、激しい変動を乗り越える力をその社会に与えてくれるからである。

同じように個人のミッション・ステートメントが正しい原則に基づいていれば、個人にも揺るぎない方向性が与えられる。それは個人の憲法となり、人生の重要な決断を行う基礎となる。生活のなかでのさまざまな局面で進むべき方向を指し示してくれる。激しく変わる環境のなかにあって、個人に不変の安定性と力を与えてくれるのである。

ミッションステートメント

書くことで見えてくる

ミッション・ステートメントはそれほど短期間で書けるものではない。深い反省と注意深い分析、そして多くの書き直しを経なければ完成しない。本当にそれが自分の価値観と方向性を十分に表現できるまでには、数週間あるいは数カ月～数年を要するかもしれない。

そして、年月と共に理解が深まり、状況が変化していくなかで、何度も見直し、細かな修正を加えていく方がよい。自分一人の時間を作り、見直し、書き終わったものを読み直してみると、ミッションは一層鮮明になり、あなたはさらなる決意や熱意、方向性や自由を感じることができるだろう。

書き上げていく過程が、最終的に出来上がった文書と同じくらいに重要である。ミッション・ステートメントを書く、あるいは見直すプロセスそのものに、人を変える力があるからだ。そうすることによって、あなたは熱意あふれる使命感を持つようになり、周りの環境や出来事に支配されない主体性を持つことができるようになる。

最後にここでは、何人かのミッション・ステートメントを簡単に紹介しておこう。

ミッション・ステートメント（1）

○着実に断固としてビジョンを実行する。

○家族ではお互いに思いやりをもって接する。

○仕事ではチームプレイに徹して全員のスキルを上げる。

○友人に対しては惜しみない協力をする。
○後悔しない生き方をする。

ミッション・ステートメント（2）
○できるだけ自分の信念に忠実に行動する。
○居心地のいい住居でゆっくりと生活できる程度の経済基盤を確立する。
○家族は心のよりどころだから、常に最優先になるよう計画し行動する。
○人には正直、誠実に接し、信頼されるようになる。
○悲観的に考えず、常に前向きに考えて行動する。
○リーダーシップを発揮して、人の先頭に立って行動する。

決断し、ミッションの実現に向けて突き進む

どんなに立派なミッション・ステートメントを作っても、毎日の生活に活かせなければ意味はない。そのためには、日々それをよく考え、記憶し、心に刻み込んで見直さなければならない。そうでなければ、道に迷ったときに、ミッション・ステートメントが活きてこない。

迷ったときの道案内となるミッション・ステートメントを作るには、単に書き留めるだけでは弱い。ミッション・ステートメントが人生の地図になるには、そこに書かれている内容が自分の血肉となり、その通りの生き方ができるような「生きたステートメント＝声明」でなければならない。自分に道を指し示す磁石のようなミッション・ステートメントが理想だ。

ミッション・ステートメントによって、力を得ている人のほとんどは、「ミッション・ステートメントが生きている」と実感した経験があるようだ。ミッション・ステートメントが彼らの血となり肉となっている。その時に人は初めて、ミッション・ステートメントと強く結ばれるのである。そしてミッション・ステートメントに従って行動し続けることで、決断しなければならない時も後悔のない選択ができるようになる。

例えば、ミッション・ステートメントが、「常に誠実に正々堂々と生きる」であった場合、金銭的な誘惑に惑わされて犯罪に走ることはないはずだ。そうして誘惑に思い煩わされて、心の安らぎがなくなることも、無駄な時間を費やすこともない。そうミッション・ステートメントが強力であればあるほど、無駄な時間を使うことはなくなり、目標達成に向けた時間を確保できるようになる。ミッショ

ン・ステートメントを作り、それに従って行動することは、充実した豊かな生活を送るための最も重要な時間を確保することになる。

ビジョンこそ希望の源

極限的な状況を乗り越えることのできた人間には、何か特別な能力や資質が備わっているのだろうか。歴史上のさまざまな経験から、それらへの答えは「否」である。ナチス・ドイツの強制収容所を生き残った『夜と霧』（みすず書房）で有名なオーストリアの心理学者ビクター・E・フランクルによれば、彼が生き延びることができた決定的な要因は、「将来へのビジョン」、すなわちその人にとっての「これからの可能性」、これからの生きていく姿を、どんなに過酷な状況のなかであっても、明確に描けるかどうかであった。

同じように、ナチスの強制収容所に収容された家族の姿と生き方を「イタリアのチャップリン」と言われるロベルト・ベニーニが描いたアカデミー賞主演男優賞受賞作品『ライフ・イズ・ビューティフル』がある。この映画は極限的な状況においても、決して人生の価値を見失わず、豊かな空想力を駆使することで、家族を守り抜いた男の物語である。ここでも、「人生は美しい」という価値観のもとに、悲惨な収容所の現実のなかで人生そのものの希望と「将来へのビジョン」を思い描くことによって、人が過酷な現実のなかでも生き延びることができる点が感動的に描き出されている。

アメリカのプロバスケットボール・リーグNBAのスーパースターだったマイケル・ジョーダンは、自らの少年時代を振り返って言う。

「父のポリシーの一つに、『何もできないと決めつけて、努力も何もしないレイジーな人間にはなりたくない』というものがあった。（中略）それはうちの家族のやり方なんだ。私たちはただ待つだけじゃなく、自分の方から行動を起こすことにしているんだ。一生懸命努力しさえすれば、そう悪い結果は待っていやしないものなんだからね。僕の人生ではたびたびネガティブなことが起こった。バスケットコートのなかでも、外でもだ。批判もたくさん受けた。マイケル・ジョーダンはチームプレーが下手だ、とかね。でも前に進むために、ポジティブな姿勢を心がけた」（『マイケル・ジョーダンの真実』講談社＋α文庫）

このように、ビジョンには驚異的な力がある。ビジョンは、将来を見通す能力、今まで存在しなかったものを作ったり発明したりする能力、理想の自分になる能力のことであり、記憶からではなく、私たちに想像力から生きる能力を与えてくれる。

もしビジョンが、金曜日の夜に野球の試合やテレビ番組を見るという程度の狭い範囲のものだったら、人は目先のことに囚われた選択をしがちになる。緊急なこと、一時的な感情、限られた選択肢などに囚われ、他人の優先課題に反応的になってしまう。目先のことにとらわれず、自分にしかできないことや自分にしか残せない遺産に気づくことによって、人は燃え立つものである。あなたの生きる目的を明確にし、方向性を与え、自分の力量以上のことをも成し遂げさせてくれる。それが「情熱」である。

ミッション・価値観・役割から長期目標を導き出す

具体的で測定できる長期目標を設定する

さて、ここまであなたは、「最も大切なこと」がおぼろげながら見えてきたのではないだろうか。作成したミッション・ステートメントや価値観、そして役割のどれでもよい、それらのなかから、想定した自分になるためには、どのような行動をすべきか想像できるだろう。そして、まず半年あるいは1年とかの期間を定めて、具体的な長期目標を設定するのだ。それを「目標」ページの「長期目標」欄に書き込む。これが長期目標の基本になる。

長期目標は達成可能で、それが測定できるものにする必要がある。「優しい人になる」などの抽象的な目標ではなく、「地域のボランティア団体のスタッフとして活動する」というように、具体的で達成可能なものでなければ、中間ステップを具体的に設定することはできない。

そして目標を定義して番号を付けたら、その目標を達成するために何が必要かの中間ステップに分け、さらに詳しく書き加えていく。そしてそれぞれの中間ステップの目標には優先順位と期限を付けていく。期限は厳密な日付ではなくて、日々のタスクが中間ステップに向けて具体的に進んでいることを測る手助けになる程度で十分である。

目標を設定することは現状と対立すること

目標を設定するということは、計画的に現状と対立するということだ。新しい分野を開拓することはわくわくすることでもあるが、時として死ぬほど恐ろしい思いをすることでもある。それほどこれまで慣れ親しんだ習慣を捨てるのは大変なことなのだ。熱気球が飛び立つ様子に似ている。熱気球が空中に浮かぶには、地上に固定している重りを解き放たなければならない。つまり、重りが現状、あなたは熱気球、そして目標は空の彼方にある。

「こうなりたい」から「今何をするか」へ

「いつか暇になったら……になりたい」

あなたはそんな風に考えたことはないだろうか。おそらく何度もあることだろう。これについて少し考えてみよう。「……」の部分は、希望すること、願いごと、大切に思っていることなど、さまざまであり、すべての人が何かしら、考えていることである。しかし、「こうなりたい（To Be）」と思っただけで何もしなければ、結局は一つも達成できず、落胆するだけだ。

仮に、今日、自分の価値観の一つとして「経済的な自立」を挙げたとしよう。つまり、そう決めることで、将来にどういう出来事が起こって欲しいかを決めていることになる。しかし、ただ価値観を決めただけで具体的な努力を怠っていたのでは、何の意味もない。そこで、「2012年7月31日までに経済的に自立するために1000万円貯める」と決めたとしよう。これが「長期目標」になる。このように、「1000万円貯める」という目標はかなり具体的である。達成すると決めたその時点まで到達するには、たくさんのステップが必要である。そこで、さらに「中間ステップ」を細かく決める必要が出てくる。

多くの人が次のように言う。

「長期目標を決めました。私は今、ここにいます。毎日毎日、目標に近づいていています」

しかし、たいていの場合それは錯覚だ。もちろん長期目標は立てたと思う。しかし、その長期目標は頭のなかをぐるぐる駆けめぐっているだけで、何も起こらない。雲をつかむような目標を何かどこかの柔らかな部分に突き刺しておいて、今日の時点に立ち戻って、自分でコントロールできる出来事を管理し始めなければならない。結局、あなたがコントロールできるのは「今、行う行動」なのだ。

つまり、経済的に自立できるかどうかはプロセスであり、自分の行動にかかっている。人生のほかのすべてのことも同じである。目標を達成するには、そこに至るための「中間ステップ」を定め、それらすべてに具体的な毎日の行動を起こすことによって、初めて目標に近づいていくのである。「今何をするか（To do）」を毎日の「日課のリスト」として書き出して、それに基づいて実行することこそが、大切である。

SMARTに目標を設定する

価値観は、私たちがこの人生で「なぜ(why)」特定のことをしたいのかを教えてくれる。また長期目標は「何を（what）」達成したいかを教えてくれるものである。それに対して中間ステップと日課のリストは、「どのように（how）」達成するかを示している。

目標を設定するときは、図に掲げた「ＳＭＡＲＴ」の５つのポイントに気をつける必要がある。

ある人が、書き留めていない目標は「絵に描いた餅だ」と言った。文章にすると目標は具体性を帯びてくる。「具体的（Specific）」なものでないと、達成しているのかいないのかわからなくなる。

また物事を改善するためには、できているかどうかを「計測できる（Measurable）」ものでなければならない。「正直になる」のような評価の難しい目標を設定すれば、目立った進歩は得られない。

目標は単に個人の資質の改善を求めるのではなく、その人の「行動を促す（Action-oriented）」ものでなければならない。「子供に優しくする」だけではなく、優しくするための具体的な行動を書くようにしなければならない。例えば「子供には大声をあげない」とか「週に2回、息子と30分キャッチボールをする」などのようにである。つまり、具体的な行動に根ざした目標だ。目標はまた「現実的（Realistic）」なものでなければならない。高い目標を設定するのもいいが、高すぎると失敗して、目標設定のプロセスが実りのない活動の連続になってしまう。「今年1億円を稼ぐ」ことは素晴らしい目標だが、ほとんどの人にとって現実的なものではない。また逆に、「今年50万円稼ぐ」というのも現実的ではない。あまりにも低い目標は高すぎる目標と同様に何の役にも立たない。

そしてまた、目標は「タイムリー（Timely）」なものでなければならない。今取り組む時間のないものを目標として掲げることのないようにすべきだ。またその達成にあまりにも時間がかかりすぎて目標が意味をなさなくなるのも困る。「2040年12月31日までに法学の学位を取る」という目標は、具体的であり、計測でき、行動に根ざした、しかも実現可能な目標だが、あなたが今すでに45歳であれば、タイムリーな目標とは言えないのはいうまでもない。

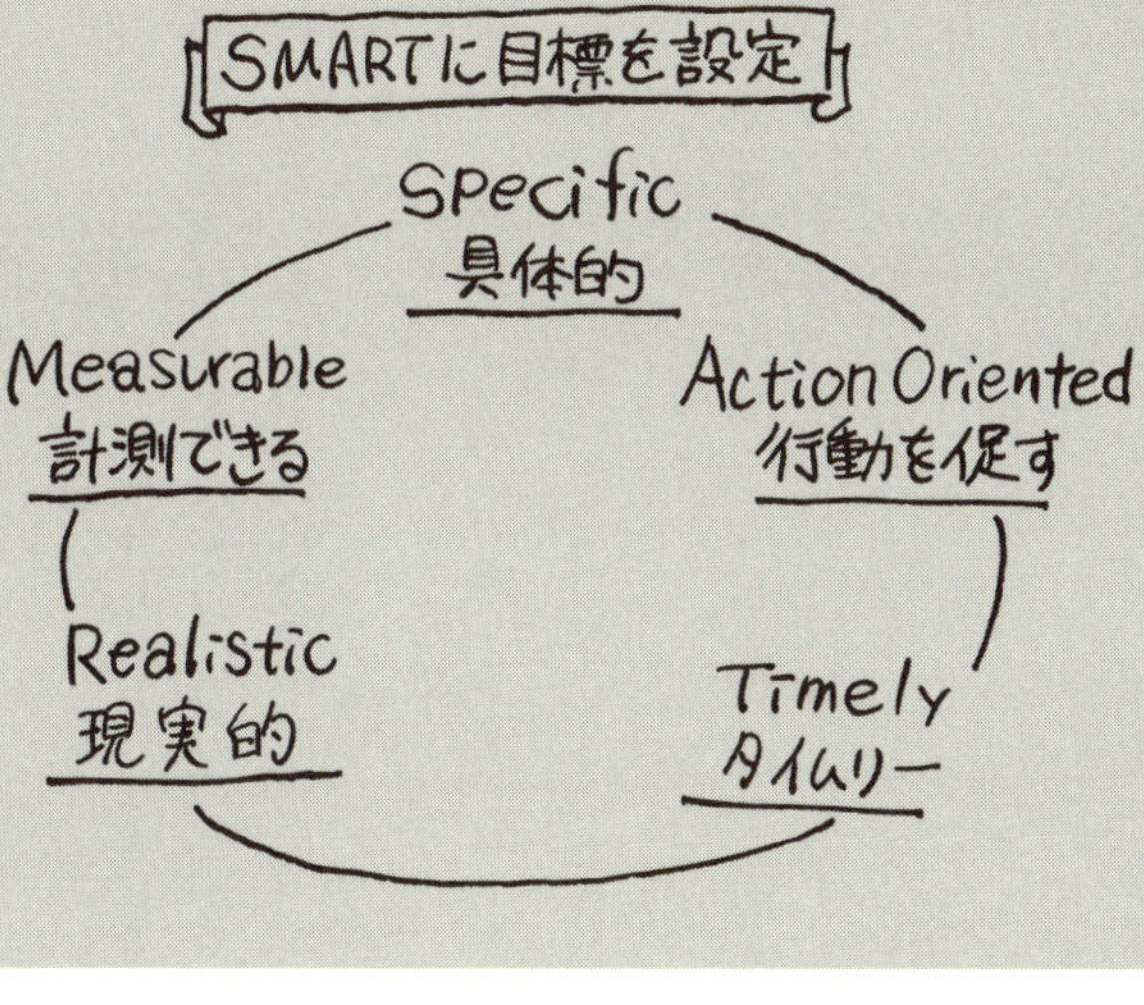

中間ステップを設定する

SMARTに設定することがコツ

「最も大切なこと」を発見し、長期目標を立てることができれば人生のコンパスを手に入れたことになる。次に実行するための中間ステップを設定できれば、目標の実現に向けて着実に歩を進めることができる。ここでは中間ステップの具体例を紹介するので、この例を参考にしてあなた自身の中間ステップを設定してみて欲しい。SMART（前ページ参照）に設定することがコツだ。

中間ステップの設定例

●目標：1年以内に新規事業を提案する

これまで考えてきたプランをいくつかまとめる・・・・・6月
市場データ、予測データをまとめる・・・・・・・・8月
プランの絞込みを行う・・・・・・・・・・・・・10月
コンサルタントに相談する・・・・・・・・・・・・11月

パートナーに相談する・・・・・・・・・・・・・・・11月
プランを決定し、事業プランの作成にとりかかる・・・・12月
大枠のビジネスプランをまとめる・・・・・・・・・2月
第1回目のプレゼンテーションを事業部長に行う・・・・2月

●目標：4カ月後に家族でイベントを行う

第1回の家族会議を行う・・・・・・・・・・・・・12月
家族の意見をまとめる・・・・・・・・・・・・・・1月
家族会議で決定する・・・・・・・・・・・・・・・3月
申し込む／日時を決定する・・・・・・・・・・・・3月
実行する・・・・・・・・・・・・・・・・・・・・4月

中間ステップに優先順位と期限を設定する

中間ステップの内容は、考えつく限り自由に書き込んで構わない。その上で、ここで重要なのは「優先度」欄に、優先順位（プライオリティ）を付け、そして「期限」欄にその目標達成期限を設定することである。

例えば、「健康に過ごす」という価値観の場合、「一年後の健康診断で全ての検査項目をAにする」という長期目標を立てたとしよう。

すると中間ステップとして、「健康診断を受ける」が最優先となるので、優先度「1」、そして期限は「8月中のいずれか一日」である。次に「自分が楽しめるエアロビクスを選ぶ」が優先度「2」で、期限が「8月18日」、「自分が考えているレベルまで、どれだけ運動する必要があるかを具体的に決める」が優先度「3」で、期限が「8月30日」、そして、「一日30分運動できるようにしていく」が優先度「4」で、期限が「10月」で、10月中には実現させるというように設定する。

これによって、目標が中間ステップごとにブレイクダウンし、さらに優先順位と期限を設定することで、タスクになる。フランクリン・プランナーではこのページで書き込んだ「価値観」「長期目標」「中間ステップ」が、デイリーページとリンクするようになっており、人生を生きていく上での価値観と現在の時間管理がリンクして機能するようになっている。

Goals 目標

目標
Goal Planning

価値観／ミッション／役割：

健康に過ごす

長期目標： 1年後の健康診断で全ての検査項目をAにする。

優先度	中間ステップ	期限
1	健康診断を受ける	8月中
2	自分が楽しめるエアロビクスを選ぶ	8/18
3	自分が考えているレベルまで、どれだけ運動する必要があるかを具体的に決める	8/30
4	1日30分運動できるようにしていく	10月

©2000 Franklin Covey Co. Japan–Compact

中間ステップから月間目標を導く

中間ステップの期限から考えて、翌月の月間目標を決める

こうして、期限を決めて「目標」ページを完成させたら、「×年×月主要課題」ページに中間ステップの内容とその期限を意識しながら、「×年×月主要課題」ページの下段「月間目標」欄に具体的に書いていく。

「×年×月主要課題」ページは月ごとのタブが付いている多少厚い用紙で、デイリーページの毎月一日の前にバインドされている。このページは上段と下段に分かれていて、下段に「月間目標」欄がある。この欄はプライベートとビジネスに分かれているので、それぞれ中間ステップに基づいて、書き込んでいく。

例えば、2002年7月末に8月の計画を立てるとすると、「中間ステップ」で8月中に健康診断を受けることにしているので、「プライベートの月間目標」の一番上に、「健康診断を受ける」と書き込む。次に、自分が好きなエアロビクスを8月18日までに選ぶと中間ステップで決めているので、「好きなエアロビクスを選ぶ」、「週3回以上運動をする」と書き込む。

一方上段は、プライベートとビジネスの二つに分かれていて、ここには期限は決まっていないが、今月中には終えたいことをリストアップしておく。例えば、「プライベート」欄では、「妻の誕生祝い」

あるいは「ハワイ旅行のプランを立てる」「クラス会の案内状を作る」などだ。また「ビジネス」欄には、「新規事業のプランを作成する」、あるいは「取引先を接待する」というように、漠然とした計画であっても、自分のビジョンや価値観に基づいて「月間」というスパンで書き込んでおこう。

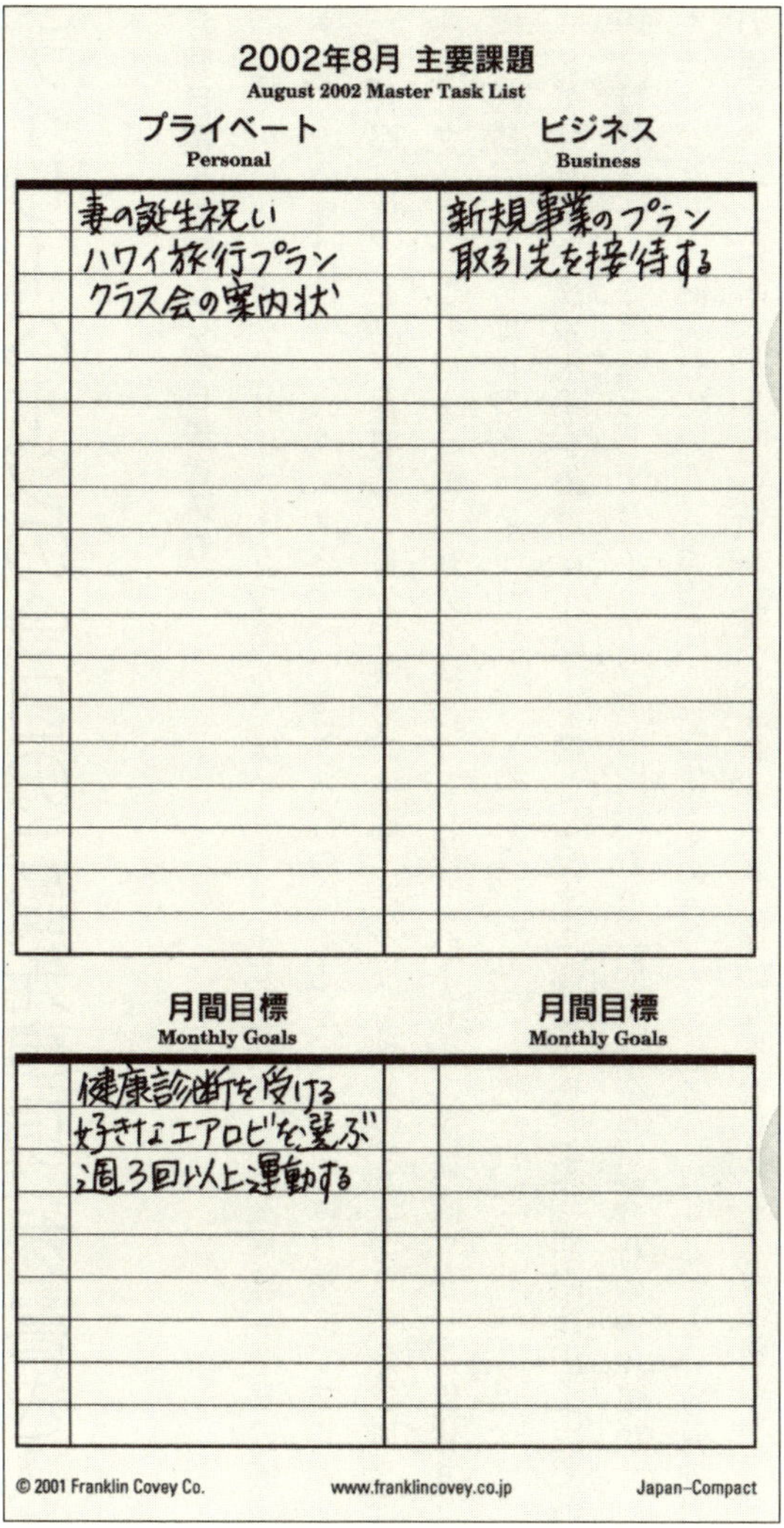
2002年8月 主要課題
August 2002 Master Task List

プライベート Personal	ビジネス Business
妻の誕生祝い	新規事業のプラン
ハワイ旅行プラン	取引先を接待する
クラス会の案内状	

月間目標 Monthly Goals	月間目標 Monthly Goals
健康診断を受ける	
好きなエアロビを選ぶ	
週3回以上運動する	

© 2001 Franklin Covey Co.　www.franklincovey.co.jp　Japan–Compact

「デイリーページの今日の「優先事項」を書き込む

月間目標を参照しながら書き込む

さて、いよいよデイリーページである。デイリーページを開くと、左側に「今日の優先事項」欄がある。この欄には毎日のタスクをすべて書き込むのであるが、そこでは月単位でブレイクダウンされた「月間目標」を必ず参照し、自分で決めた中間ステップを振り返りながら、今日何を行うべきかを決定していく。これによって、自分で決めた「目標」ページの「価値観」から具体化された「長期目標」に基づいて、毎日のタスクを設定していることになり、目標に近づく。

×年×月主要課題ページのプライベート欄とビジネス欄に記入した「期限は決まっていないが今月中には終えたいこと」としてリストアップした内容も参照しながら、「今日の優先事項」に必要な内容をチェックし、記入していく。その際、「新規事業のラフプランを作成する」という月間目標を「今日の優先事項」に記入する時には、「課長とプロジェクト開始時期をいつにするか決める」というように、できるだけ具体的な内容に分解して書き込むとそのタスクが終わったかどうかが、わかりやすい。

さらに一週間コンパスも参照するとより明確になる。ここは普段忘れがちな役割からの行動目標が記載されている。この目標も具体的なタスクに落とし込まないと役割を果たすことはできない。それも参照しながら今日の優先事項を記入していく。

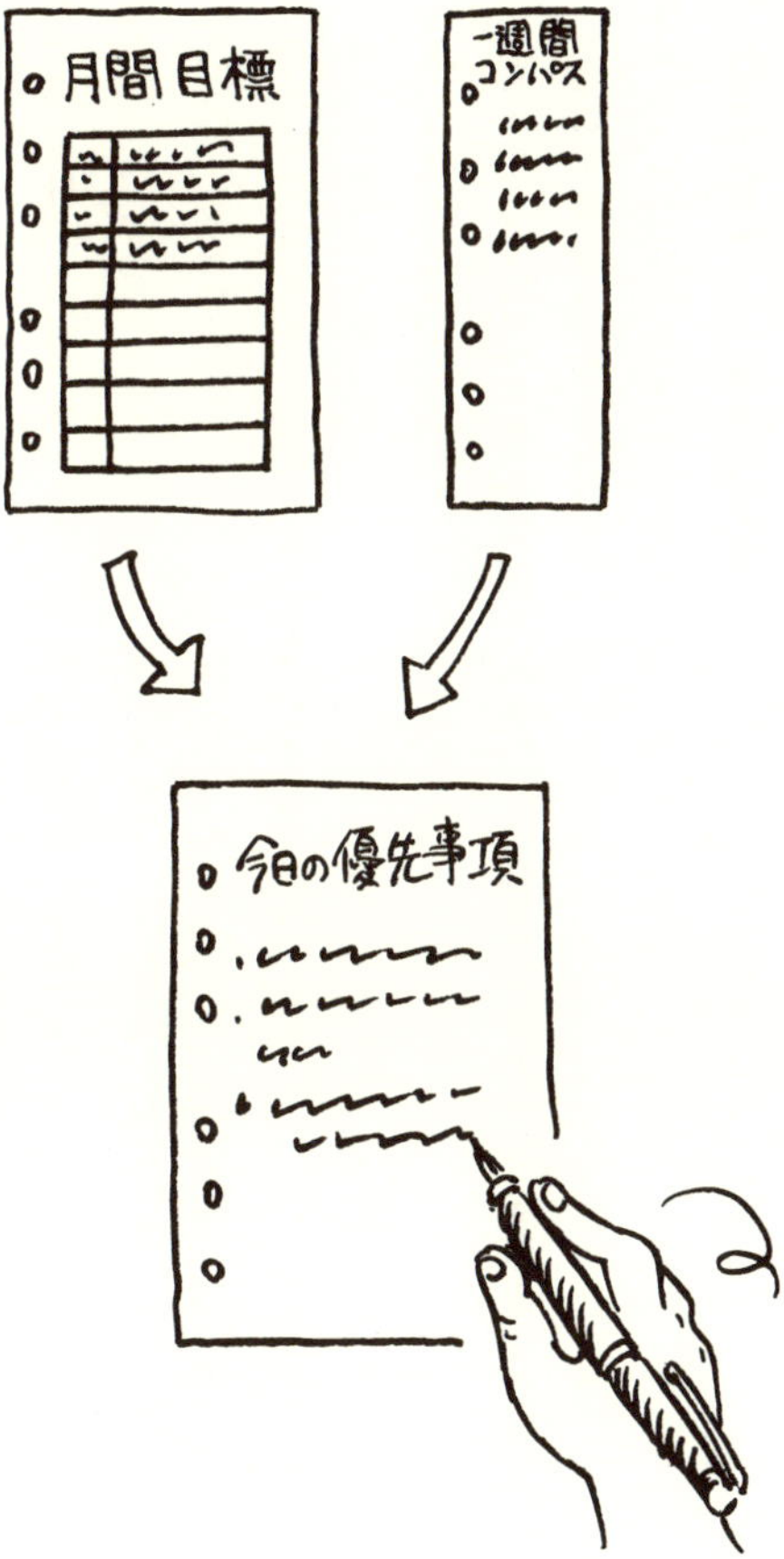
月間目標
一週間
コンパス
今日の優先事項

フランクリン・プランナーの日々の活用手順

フランクリン・プランナーの毎日の活用手順をまとめると、次のようになる。

1. 集中できる環境を選ぶ。
2. 「価値観」と「目標」のページを見直す。
3. 前日の「今日の優先事項」のなかで、終了していない業務を確認する。
4. 前日の「今日の出来事」を確認する。
5. 「今日の予定」を確認する。
6. 「今日の優先事項」に記入する今月の「主要課題リスト」「一週間コンパス」を確認する。
7. 「今日の優先事項」に適切な課題を記入する。
8. 月間カレンダーを確認し、「今日の予定」を入れる。
9. 数日後までの予定を見て準備すべき事を確認する。
10. 「今日の優先事項」の課題に優先順位と順番をつける。

こうした流れでフラクリン・プランナーを活用することによって、あなた自身の「最も大切なこと」が実現されるのである。

どう使うか。それはあなたの自由

フランクリン・プランナーをある程度愛用すると、気づく点があると思う。「最も大切なこと」を発見し、それに基づいて長期目標を立て、中間目標を立てる。そのプロセスでいろいろな視点、観点で熟考したはずだ。それはあなたの価値観であり、ミッションであり、役割だ。

しかし、その価値観やミッション、役割についてこうでなければならないとか、こう結びついてなければならないなどというものはない。あなたはどの観点、どの切り口からスタートしてもかまわない。あなたが目標を立てやすく、実行に結びつきやすい切り口を用いるのが、最良の方法だ。

それは計画をたてる際にも同じことが言える。月間のタスクが一番わかりやすければそれを用い、週間であればウィークリーを使い、いやあくまでデイリーのスケジュールに落とさないといけないと感じる方は、そのように使えばいい。それが一歩、あなただけの「プランナー」に近づくことになる。

フランクリン・プランナーはどのような切り口にも対応できるように作られている。使うのは「あなた」。今まで紹介した使い方を参考にして、あなたがベストと思われる使い方でいいのだ。

第4章 フランクリン・プランナーの一歩進んだ使い方

過去の出来事を簡単に検索する

「今日の優先事項」を利用して重要な情報にすぐにたどり着く

例えば、5月10日に、馴染みの中古家具屋の主人が電話をしてきて、「あなたの探していたイタリアのテーブルに近い品が近々入荷します。そのものズバリではありませんが、そのテーブルであれば、定価40万円のところ特別価格で30万円にします。ぜひ、6月15日午前9時にご来店下さい」という話をしたとする。あなたは、「必ず行きます」と答えた。

その後忙しさにかまけて、そのやりとりをすっかり忘れてしまっていたが、6月15日の朝、フランクリン・プランナーを見ると、5月10日にした約束が書いてある。そこで時間をやり繰りしてお店に行くが、電話してきた主人はあいにく出張で不在である。代わって、店員がテーブルを見せてくれる。すっかり気に入ったあなたに、その店員は「今なら、40万円です」と言う。

初めて聞く話だったが、一カ月前の電話でのやりとりの細かな内容は忘れてしまっていた。フランクリン・プランナーを見ると、「今日の予定」欄に「中古家具屋に行く」と書いた隣に（5／10）とある。（5／10）という日付だけだ。そこで、5月10日のページを開く。そうすると、右側の「今日の出来事」欄には、電話してきた主人の名前と15時という電話時間、そして「30万円」と書いてある。

そこで、その店員に「主人と5月10日午後3時に、このテーブルのことで話をしました。その時、彼は30万円と言ったのですよ」と伝えると、店員は「エッ、時間までどうして正確に覚えているの」という顔をしている。しかし、主人の約束では仕方がない。「わかりました。主人との約束通りにします」といい、あなたは交渉を有利に進めることができた。

このように、フランクリン・プランナーはその時の情報が後で必要になるとわかっている時は、約束の日の「今日の優先事項」の欄に相手の名前を入れ、その隣にカッコで元の日付を記入できるようになっている。それによって、あなたは必要な情報にいつでも簡単に戻ることができるのである。

どこでもいつでも必要な情報を引き出す

カッコは元の日付に戻るだけではない。他の用途にも使える。フランクリン・プランナーさえ持っていれば、あなたをオフィスや自宅など特定の場所でも、車中でも休暇先でも必要な情報に導いてくれるのである。

例えば、これから取り組むプロジェクトがあるとしよう。それは6カ月継続するもので、今月そのプロジェクトを発足させるためのミーティングを開くことになっている。このプロジェクトの記録はどこに書くのがよいか。

「今日の出来事」のところではない。「今日の出来事」欄に書くと、プロジェクトの進行に従って、すべてバラバラになってしまい、ページを追って探すのに大変な手間がかかってしまうからだ。その場合、1カ所にプロジェクト・ファイルとしてまとめておいた方がよい。

そこで、プランナーの後ろの部分の1から5までに分かれている番号付きの赤いタブのセクションに、「プロジェクト・ファイル」というタイトルのページを設けて、そこに記録する。そうすれば、上司がプロジェクトの進捗状況について木曜日の朝9時に報告してくれと言ってきても、「今日の予定」の次の木曜日のページを開いて、9時に上司の名前を書いて、その隣にカッコ付きで「プロジェクト・ファイル」と付け加えておくだけでよいのだ。

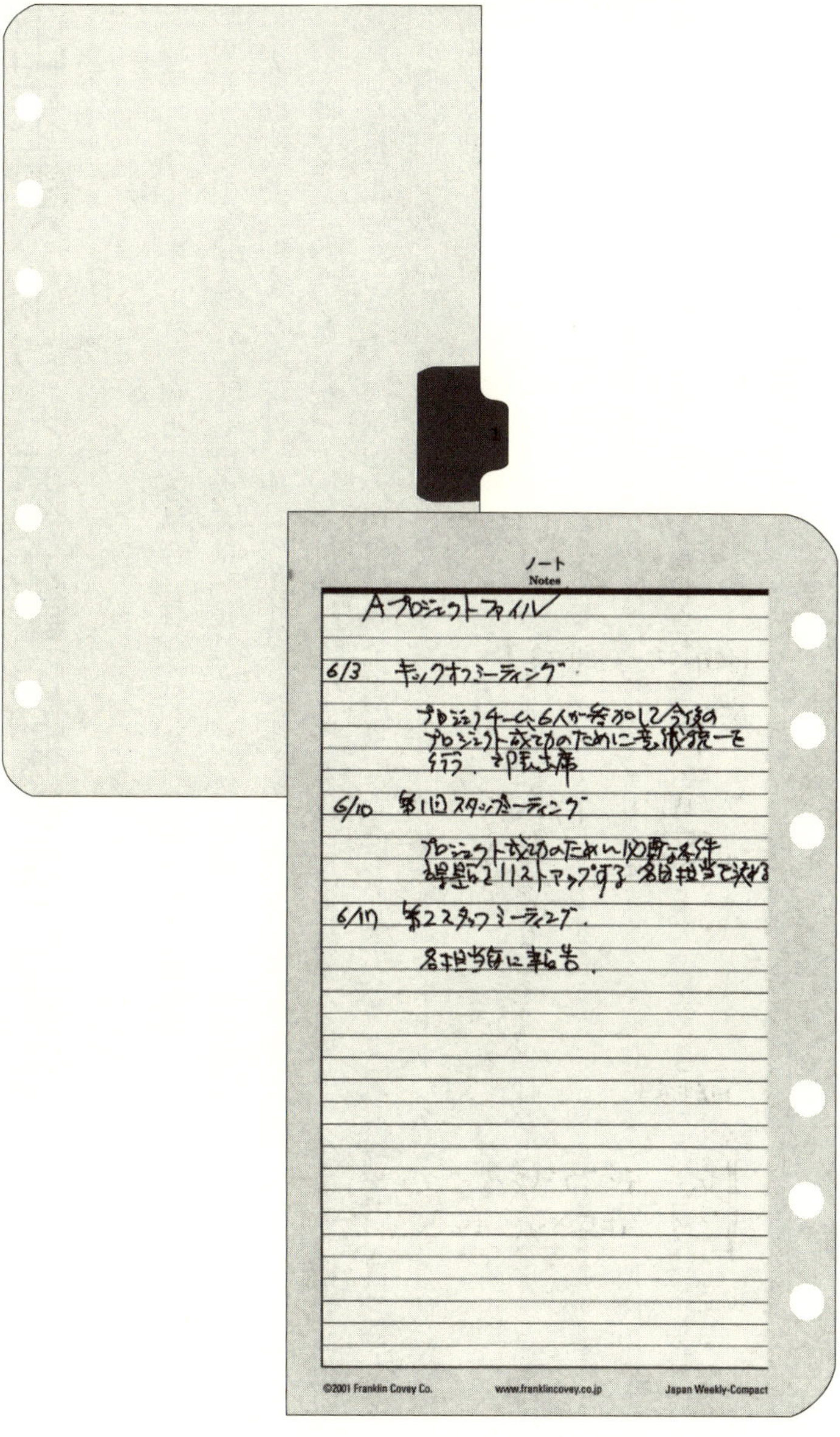
ノート
Notes
Aプロジェクトファイル
6/3 キックオフミーティング
プロジェクトチーム6人が参加して今後の
プロジェクト成功のために意識統一を
行う。部長出席
6/10 第1回スタッフミーティング
プロジェクト成功のために必要な条件
課題をリストアップする 各自担当を決める
6/17 第2スタッフミーティング
各担当毎に報告
©2001 Franklin Covey Co.
www.franklincovey.co.jp
Japan Weekly-Compact

出来事ページと優先事項欄を活用する

通常、デイリーページを利用する場合、打ち合わせ内容やメモを出来事ページに記入することが多いのだが、このページに記入した内容は、後日必要になった場合、そのままにしておくと意外に検索に手間取る。そのような時には、後日のデイリーページの「今日の優先事項」の欄に書き込むとよい。

例えば、ミーティングを行っている最中に、「A商品について反響をヒアリングする」「販売価格の見直しを指示」というような議題が出た場合、その場で「A商品ヒアリング」「販売価格見直し」とタスク欄に記入していく。そうすることで、その場で日時の返答や指示を出すことができ、業務の効率は格段に向上する。

また、ビジネス中心にフランクリン・プランナーを使うと、どうしても土日の出来事ページが空白になることが多くなる。そこで、土（または日）の出来事ページを使って一週間の仕事を振り返ってみるのだ。月間目標や課題、またはマスター・タスク・リストをタイトルにして、その一週間の進捗状況を自分に対して報告する。そうすることで次週の計画がさらに立てやすくなり、目標に一歩近づくことができる。

例えば月間目標欄に「新商品プランをまとめる」とあった場合、その目標に対する進捗状況を、「市場情報はほぼ掌握、価格帯のイメージとして2万円〜3万円をターゲットにする。来週提案書を作成する」などとまとめていくとよい。

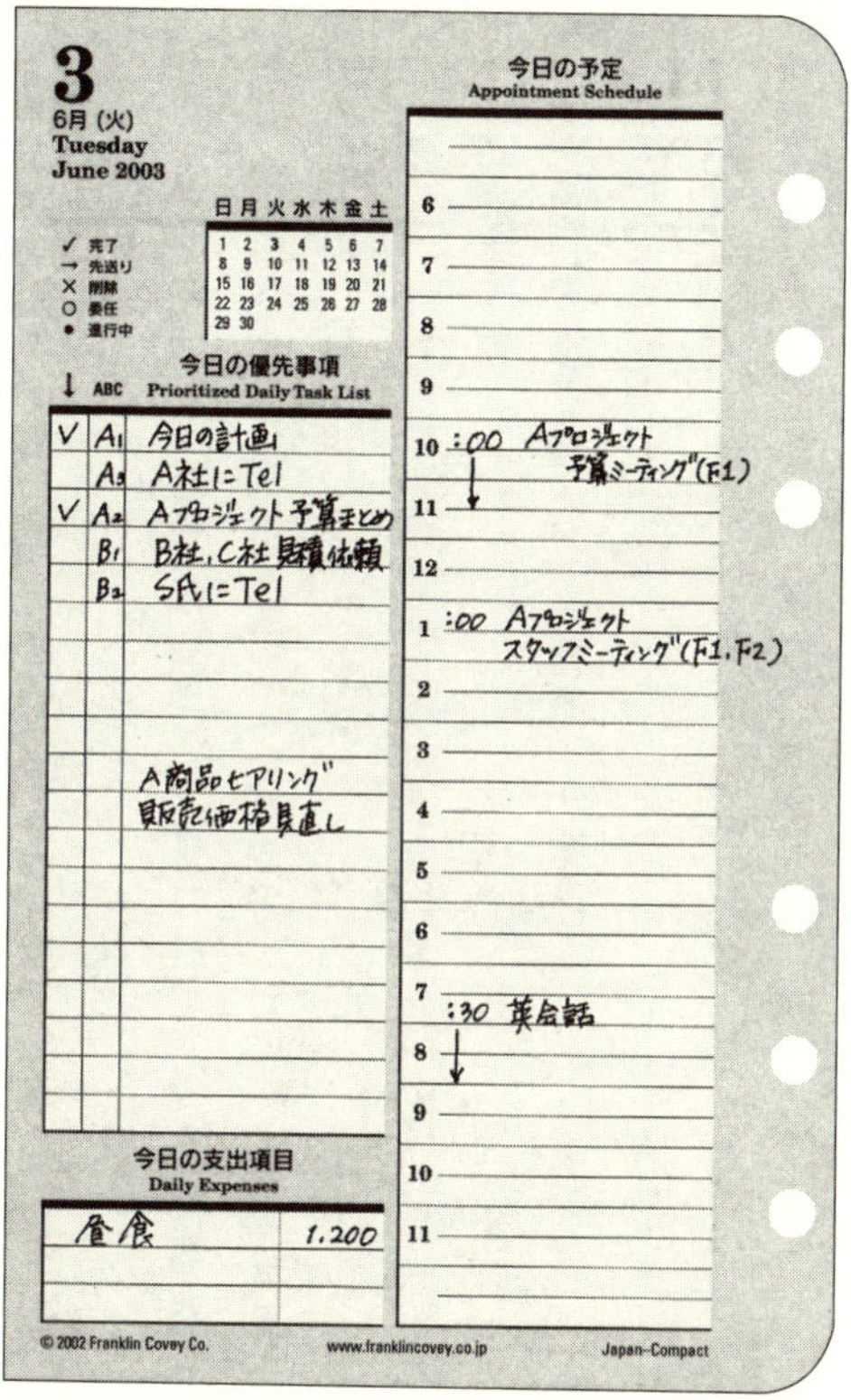

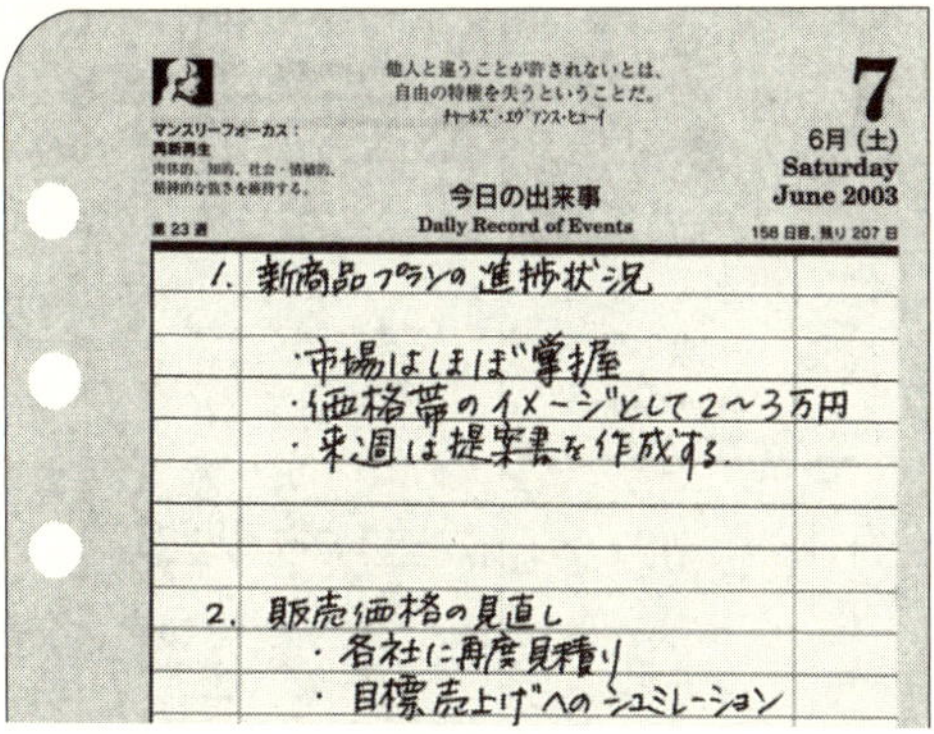

出来事ページをプランニングに活用する

朝や夜など決まった時間に行う「一日の計画」のときに、今日の課題をより深め、具体的にするため、出来事ページを利用するとよい。今日一日のタスクやスケジュールを見ながら、出来事ページにタスクをより細分化していくのだ。

例えば、今日の優先事項欄に「部長と経費について打ち合わせ」とある場合、出来事ページに次のように記入する。

・経費項目を細分化する（接待費、出張費……）
・個人ごとの金額予定
・対前年比
・同業他社の動向
・売上げとの対比が問題

など、検討項目や具体的なイメージを記入していく。

そうすると、ミーティングの効果が上がるだけでなく、問題点を想定し準備することで、第Ⅱ領域の出来事が増加し、自分のなかでの充足感が出てくるはずだ。

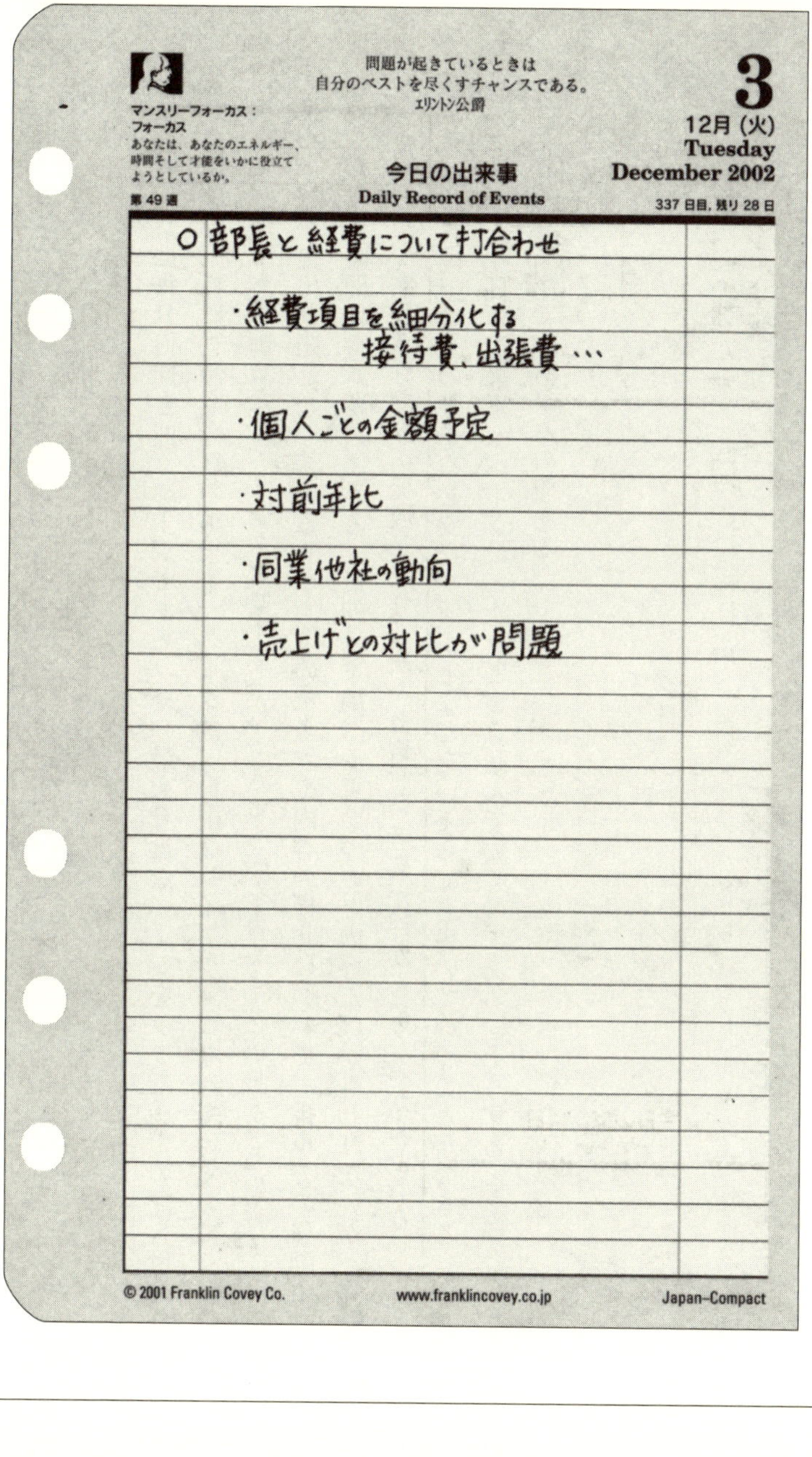
マンスリーフォーカス：
フォーカス
あなたは、あなたのエネルギー、時間そして才能をいかに役立てようとしているか。
第49週

問題が起きているときは
自分のベストを尽くすチャンスである。
エリントン公爵

3
12月（火）
Tuesday
December 2002

今日の出来事
Daily Record of Events

337日目、残り28日

○ 部長と経費について打合わせ

・経費項目を細分化する
接待費、出張費…

・個人ごとの金額予定

・対前年比

・同業他社の動向

・売上げとの対比が問題

© 2001 Franklin Covey Co. www.franklincovey.co.jp Japan–Compact

右ページをクリエイティブに活用する

デイリーページは毎日何回も開くページである。その最も身近なページをプランナーの記入例通りに使う必要はない。特に右側「今日の出来事」ページは、自由なレイアウトになっているので、気軽に開いてみて、何でも計画したり、インスピレーションできるものを書くようにしてみるのもよい。

例えば、今月が提出期限となっているレポートのテーマや内容の構想について、電車での移動中やちょっとした空き時間に書き留めてみる。最初は下調べや思いついた内容だけかもしれないが、実際に書くことで考えが整理されたり、発展したり、次々と新しい考えが浮かんでくるかもしれない。

それがまとまれば、論文の骨子や必要なチャートなどをいくらでも書いていくことができる。それを浮かんだ日の「今日の出来事」ページに、次々と書き込んでいくのである。そうすると、いつのまにかレポートや論文ができあがるのである。

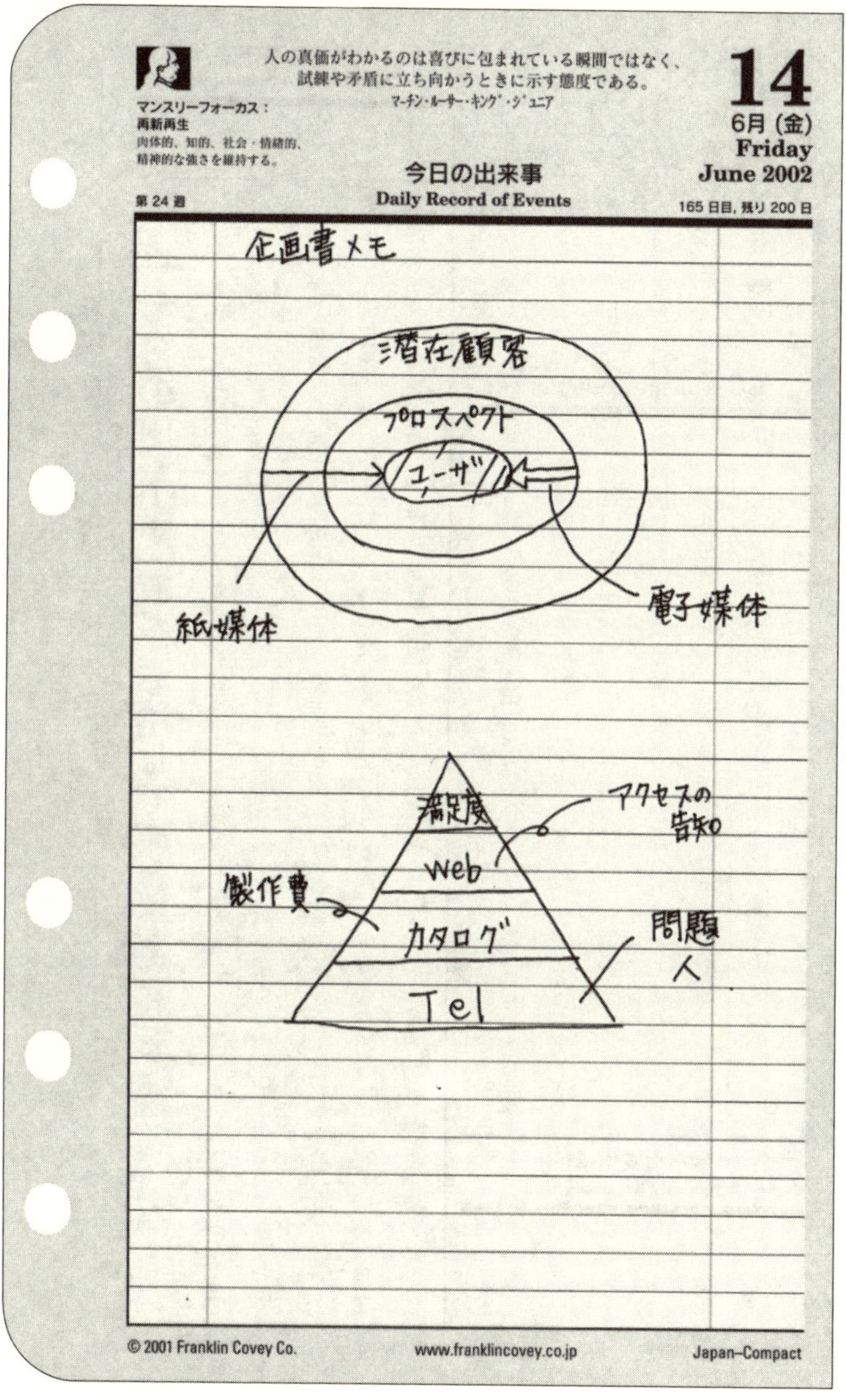
マンスリーフォーカス：
再新再生
肉体的、知的、社会・情緒的、
精神的な強さを維持する。

人の真価がわかるのは喜びに包まれている瞬間ではなく、
試練や矛盾に立ち向かうときに示す態度である。
マーチン・ルーサー・キング・ジュニア

14
6月（金）
Friday
June 2002

今日の出来事
Daily Record of Events

第24週
165日目, 残り200日

企画書メモ

潜在顧客
プロスペクト
ユーザ
紙媒体
電子媒体

満足度
Web
カタログ
Tel
アクセスの告知
製作費
問題
人

© 2001 Franklin Covey Co.　www.franklincovey.co.jp　Japan–Compact

「今日の出来事」欄を活用して原稿の構想を練る

日高京子さんは、企業向けの研修を行っている株式会社ビス コーポレーションのファシリテーターとして、仕事と二人の子どもの母親、そして主婦という一人3役を担うという極めて多忙な日々を送っている。日高さんは以前は用件をすべて付箋に書いてそれが済んだら付箋をはがしていくというやり方で自分自身の時間管理を行っていた。例えば、相手が不在で電話をかけ直す場合、「何時に誰々に電話」と付箋に書いてそれを手帳に貼り付け、ミーティング中でもその時間が来ると抜け出して電話をする、こうしたやり方をしていた。

「付箋が家のキッチンのドアにも冷蔵庫の扉にも貼り付けてあって、それでも忘れてしまうので、最終的には自分の手にまでボールペンで用件を書いていました」

そのやり方は手帳から付箋が溢れ出しているようで見てくれが悪かったり、書き込みメモを探す手間がかかるなど非効率的なだけではなくて、用件が済んだら付箋を捨てて忘れていくので、いつの間にかスケジュールに追いかけられ、時間をこなしていくことが生活の目的のようになってしまった。そうしたなかでは、たまにゆっくりする時間ができても、何もすることもなく、ボーッと寝ていようなどという状況になっていたという。

「これはマズイ。どこかで自分のエネルギーをチャージする時間を作っていかなくては。そのためには、自分で時間をマネージしていかないといけない。そういう問題意識の時に、たまたまフランクリン・プランナーを使い始めたのです」
日高さんは月間カレンダーとデイリーページを中心に使い始め、毎日家でも仕事先でもどこでもいつも持ち歩いて、少しでも時間があると月間カレンダーを眺めるようにした。その結果、1カ月位で付箋と手にボールペンでメモ書きすることは完全になくなり、今では家に帰ってきて食事の支度をしながら、仕事の進行具合や翌週の予定のために今週はこれを準備する必要があるという仕事の予定まで考えることができるようになったと言う。
「最初はデイリーページに時間でやらなくてはい

けないことを一つひとつ書いていたのです。しかし最近では慣れてきて、いちいちあまり書かなくても、明日は仕事で朝早いから、子どものお弁当の準備は何時に始めて、朝練に行く子ども達を何時に起こして、そして夕食の下ごしらえをして、その後の30分で仕事のミーティグ用レジュメを作ろうという具合に、自然に考えを巡らせることができるようになりました」

日高さんにとって、フランクリン・プランナーを使うことによって、得られたものはそれだけではない。最初、デイリーページ左側の「今日の予定」だけを書き込んでいて、右側「今日の出来事」ページは全くの白紙状態が続いていたという。たまたまフランクリン・コヴィー・ジャパン社の社員から、「気軽に開いて、アイデアでも思いつきでも何でも書いてみたらどうですか」と軽くアドバイスされた日高さんは、ちょうど書かなければならなかった原稿のアイデアを出すために使えないかと考えた。

「机に座って、さあ考えましょうとやっても、なかなかいいアイデアは浮かんでこないものですよね。そこで、肌身離さず持っているプランナーの右側ページに論文のタイトルを書いて、いつでも意識するようにしたのです。それを通勤の行き帰り電車のなかで開いて、右側ページにその時思いついたことをメモとして書いておきました。翌日も昨日の続きをやろうという具合に毎日やったのです。そうしたら面白いことに、家にいても仕事していても、これを付け足そう、これも追加しようというようにアイデアがどんどん浮かんできて、すーっと長い原稿の構成案・目次ができてしまったのですね」

日高さんのやり方は、まず「今日の出来事」欄の一番上にタイトルと提案書であれば提案先の企業名を書く。

そして、「今日の出来事」ページ1枚の中に最初に枠組みを抽象的に書いていく。そして、翌日の同じページに今度はもう少しブレイクダウンする形で「問題提起」や「共通認識」のような項目を書き込んでいく。その結果、日を追っていくに従って、さらに細かくブレイクダウンされていって、最終的な具体案までたどり着くことになる。「途中で、もう少し別の括り方や視点があるのではないかとページを眺めていると、また別のアイデアが浮かんできます」と日高さんは言う。

このやり方を成功させる一番のポイントは、ともかく気楽に取りかかることだという。「今日の出来事」の1ページを企画案の全体として見なして、限られたスペースをどう使おうかと考える。長い文章を書かずに、「破壊」とか「再構築」、「プロジェクトマネージャの育成をコアに全プロジェクトスタッフに」という程度の単語を使う。また、ページを使って、自分のイメージを図として書いてみることも効果的であるという。

「一つ書くことで次の単語が連想されていって、いつの間にか出来上がってしまう。そんな感じで、本当に論文を書くのが面白くなりました」

スケジュールに追われて、気分もささくれ立っていた以前と違って、日高さんは今、スケジュールに追い立てられていても、以前のような「焦燥感」がなくなり、自分のための時間を意識的にセットアップするようになった。その結果、今までと変わりのない多忙な生活のなかでも、子ども達とスポーツをやったり、一番大切だと思っている家族と一緒に過ごす時間を作り出すことを意識的にやるようになったという。

2枚の月間カレンダーでプライベートとビジネスを使い分ける

ビジネスとプライベート双方にわたる数多い予定を、フランクリン・プランナーのページだけに書ききれないのではないかと不安になる人も多いだろう。そこで、小さな工夫を積み重ねてフランクリン・プランナーを使いこなしていくためのヒントを紹介しよう。

月間カレンダーは、カッコ付きの日付を記入することで、デイリーページとうまくリンクさせて、新しい予定がすでに以前の予定と重なったりしないかを確認できるので、次々に入ってくる予定をスムーズにさばいていくのに、大変重要な役割を果たす。月間カレンダーには、終日の会議、何日かにまたがる出張、家族との旅行、実家への帰省など、ビジネスとプライベートに関わるさまざまな種類の出来事が入ってくる。そうすると、さまざまな性格の予定がゴチャゴチャに入ってしまって非常に見にくくなり、勘違いも起きやすい。

そこで、月間カレンダーをビジネスとプライベートに一枚ずつ見開きに並べて利用し、それぞれの予定を書き分けていくのである。書き分けることによって、ビジネスとプライベートを切り分けて完全に区別できるだけでなく、ビジネスシーンで相手にプライベートな予定部分を見せることなく、スマートにプランナーを利用できるというメリットもある。

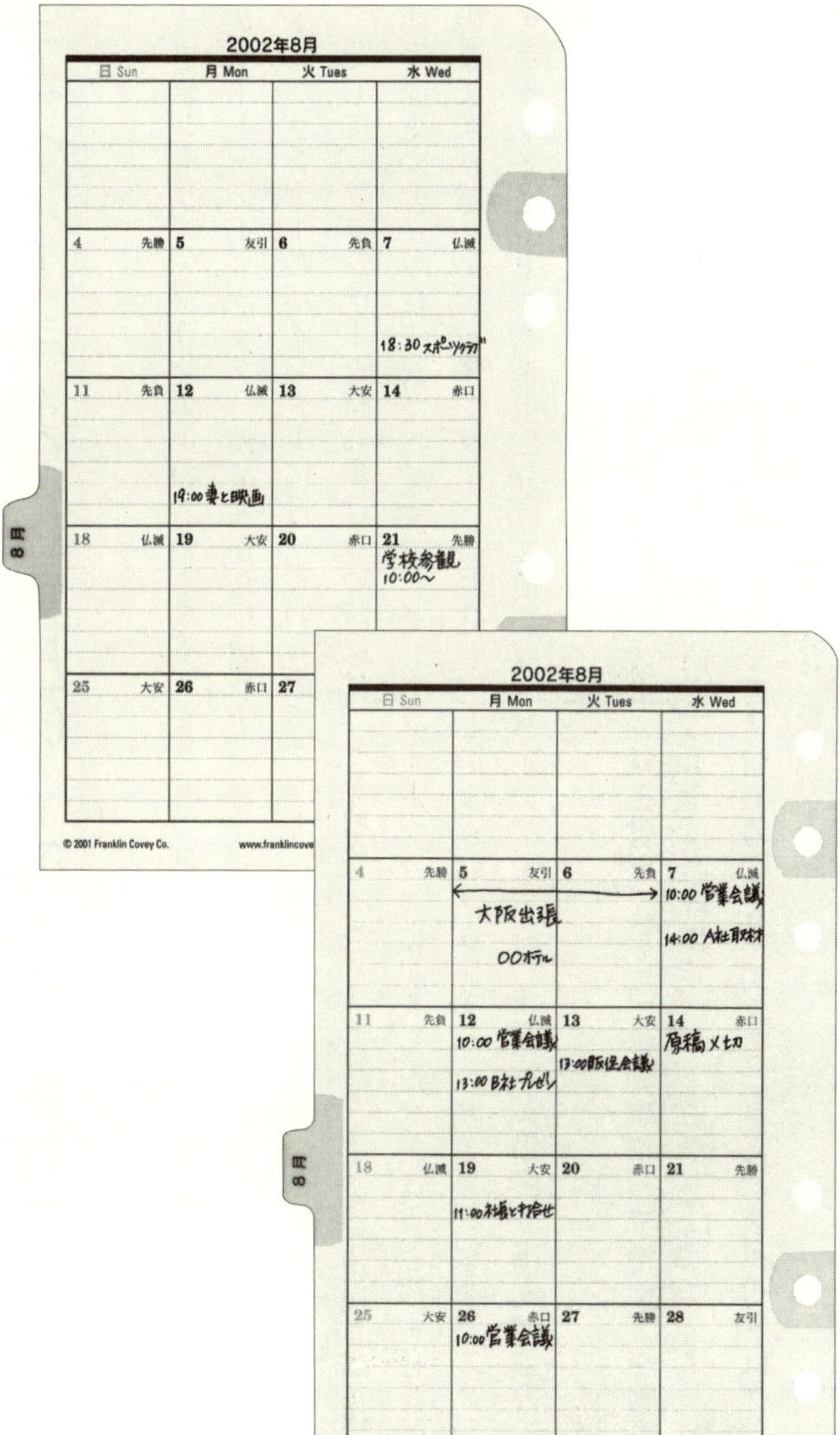

プライベート用（上）とビジネス用（下）の2枚の月間カレンダーを使えば客先でも気兼ねすることはない

デスクトップと携帯用の2冊を利用する

フランクリン・プランナーのスターター・キットのコンパクトサイズとクラシックサイズには、「サテライト・ノートブック」が最初から付属している。サテライト・ノートブックは、普段フランクリン・プランナーのバインダーに付いている内ポケットに保管しておく。

そして、プランナーを持ち歩けない時には、サテライト・ノートブックを携帯用として抜き取って、ポケットかサイフに入れて携帯する。そしてノートブックに記入したメモは書き写す必要はなく、そのまま切り離して、バインダーに綴じ込む。このようにプランナーのバインダーをデスクトップ、サテライト・ノートを携帯用に分けて使えば、バインダーを持ち込めない場所や出先での書き込みも簡単である。

サテライト・ノートの表ページは、リストや覚え書き、予定、優先事項、アイデアや約束事などあなたのスタイルに合わせて、自由自在に使えるように作られている。また下段はガソリン代、クレジットカードの利用明細、出費、予約などを書き留めることができる。さらに裏ページはグラフ用紙になっていて、覚え書きやチャートを描くのに最適である。

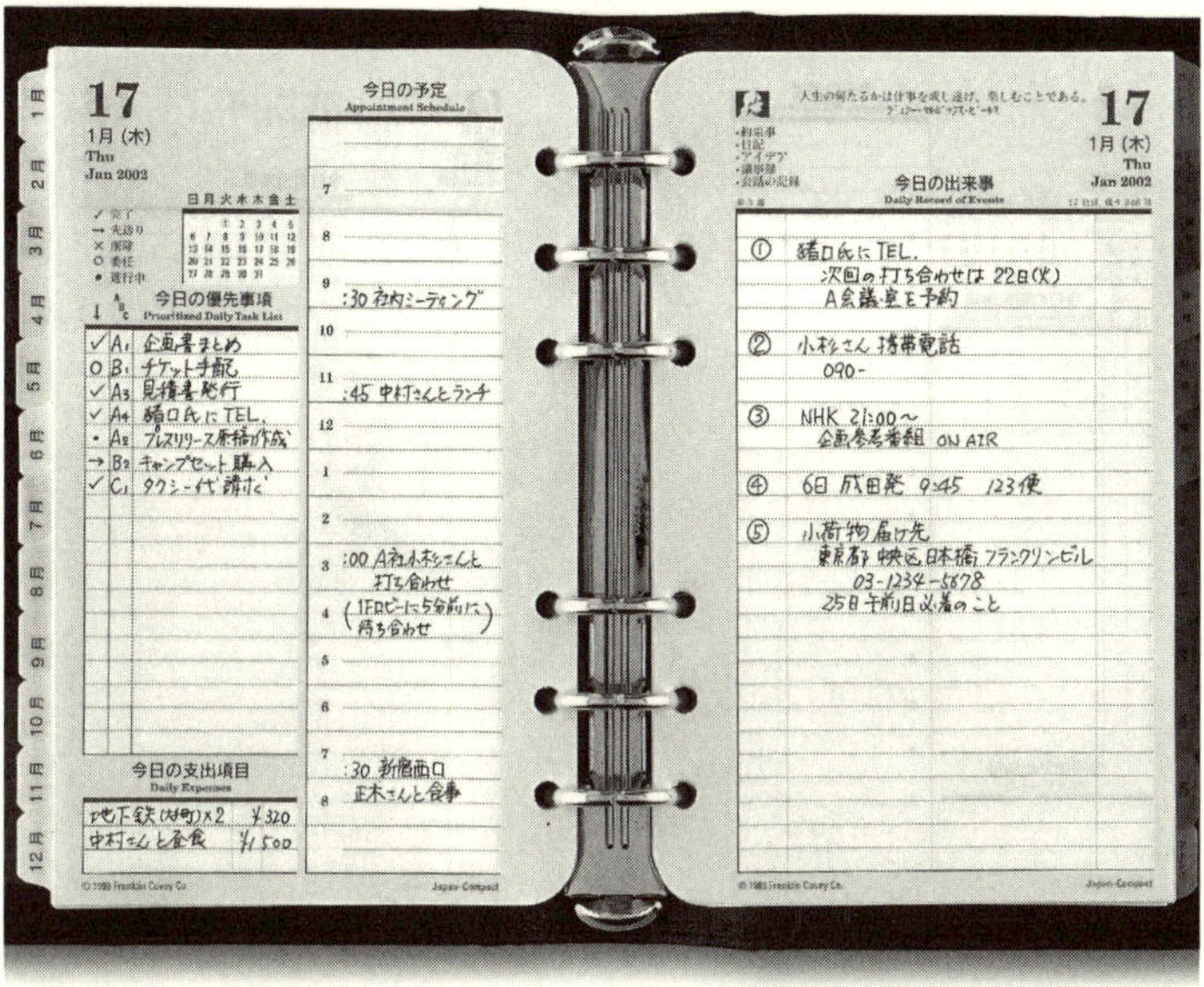

携帯用にサテライト・ノートブックを使えば、そのまま切り取ってバインダーに綴じることができる。

自分との約束を書き込む

「どうしても自分の時間が無くて……」とよく口にする人が少なくない。割り込み仕事を断れず、いくつかの仕事を引き受けているうち時間が埋まってしまう。一所懸命働いているのだが、結果的に自分の時間がなくなってしまうというケース。こういう人は自分との約束を「今日の予定」の欄に書き込んでしまうことだ。

例えば今日の4時から、進行中のプロジェクトに関する会議があるとしよう。そこでは簡単な経過報告をすることになっている。大体はプランナーに書かれているが、ぶっつけ本番で発表するには、やはりA4サイズの報告書に取りまとめた方がいい。そのためには1時間位の準備時間が必要だ。

こんな時には会議が始まる前の1時間を「自分との約束」として確保し、「アポイントメント」と書き込んでしまう。誰かから電話を受け、「今日の3時から30分ほどお時間を頂けませんか」と言われたとしたら、「いえ、この時間は約束が入っています」と答えればよい。何も書いてないと、しどろもどろになりながら、「えーと、この時間は……（準備の時間に取っておきたかったけれど）」等と躊躇している間に割り込み仕事に押し切られてしまう。確かにアポイントメントはあるわけだから、後ろめたい気持ちもなくなる。毅然とした態度でアポイントメントがあると答えればいいのだ。

自分との
約束
えぃっと
その時間は
先約がありますので

カラフルな色分けでビジュアルに訴える

記入する文字の色を使い分けるのも一法だ。

1　出張の多い人

出張の多い人なら、出張期間の色を1色決めて月間カレンダーの日付をマークし、オフィスで働く日と分けておくと、1カ月の出張予定がプランナーを開くと一目でわかる。

2　カラフルにして忘れない

「今日の優先事項」で優先順位がAのタスクをカラフルなマーカーで色付けすれば、その日に片づけなければならない事柄を忘れないようにできる。

3　プロジェクトや仕事の内容で色分けする

「今日の優先事項」や出来事欄をプロジェクトごとや仕事の内容で色分けすると、自分の欲しい情報が目に飛び込んでくる。

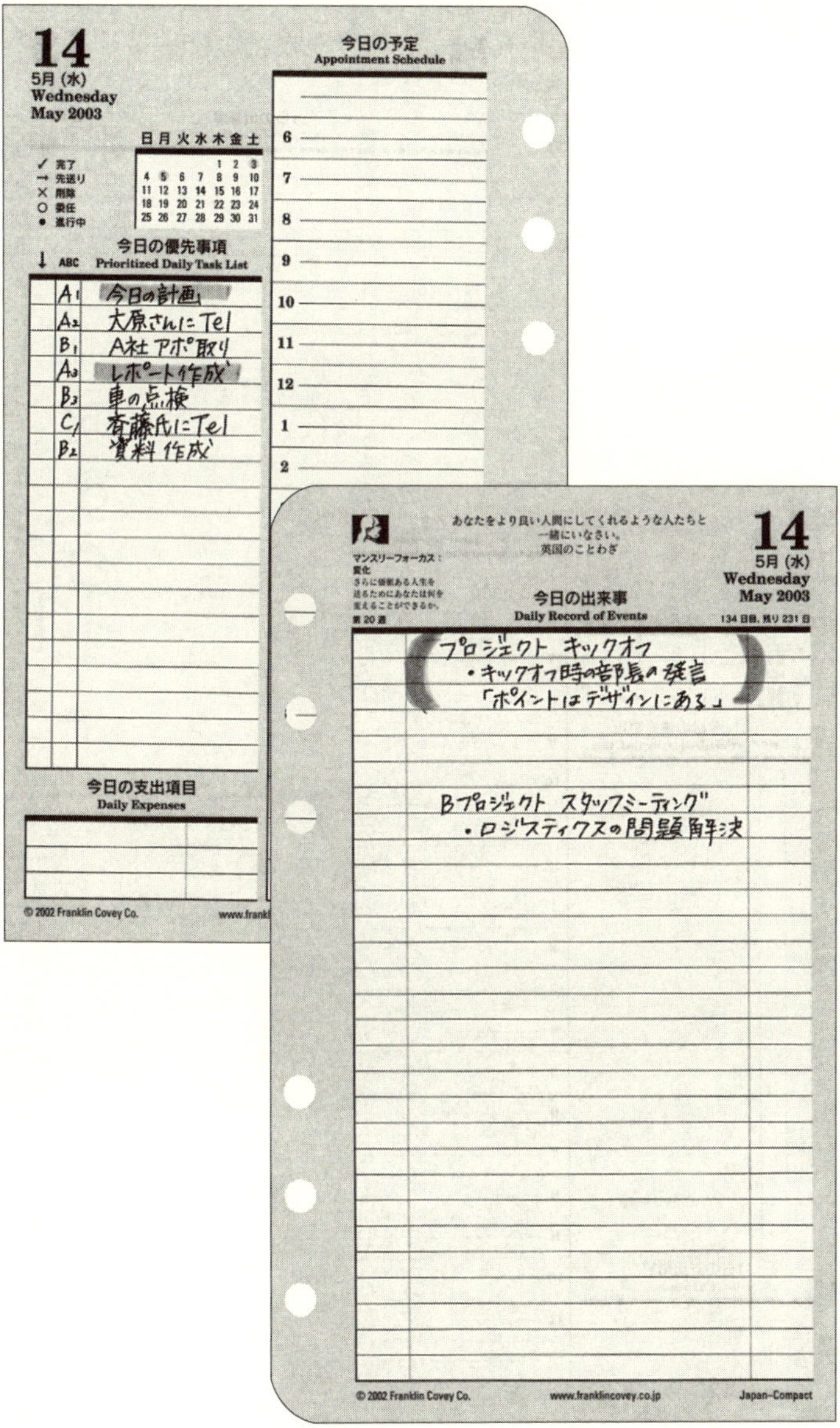
14
5月（水）
Wednesday
May 2003

日 月 火 水 木 金 土

				1	2	3
4	5	6	7	8	9	10
11	12	13	14	15	16	17
18	19	20	21	22	23	24
25	26	27	28	29	30	31

✓ 完了
→ 先送り
× 削除
○ 委任
● 進行中

今日の優先事項
Prioritized Daily Task List

↓	ABC	
	A1	今日の計画
	A2	大原さんにTel
	B1	A社アポ取り
	A3	レポート作成
	B3	車の点検
	C1	斉藤氏にTel
	B2	資料作成

今日の支出項目
Daily Expenses

今日の予定
Appointment Schedule

6
7
8
9
10
11
12
1
2

© 2002 Franklin Covey Co.

あなたをより良い人間にしてくれるような人たちと
一緒にいなさい。
英国のことわざ

マンスリーフォーカス：
変化
さらに価値ある人生を
送るためにあなたは何を
変えることができるか。
第20週

14
5月（水）
Wednesday
May 2003
134日目、残り231日

今日の出来事
Daily Record of Events

プロジェクト キックオフ
・キックオフ時の部長の発言
「ポイントはデザインにある」

Bプロジェクト スタッフミーティング
・ロジスティクスの問題解決

© 2002 Franklin Covey Co.　www.franklincovey.co.jp　Japan-Compact

インフォメーション・レコードで特定の人とのやりとりを一括管理する

プロジェクトが進行しているときなどは特定の人との連絡が多くなる。通常のようにデイリーページやウィークリーページに書いて、インデックスをつける方法で管理してもいいのだが、「インフォメーション・レコード」を使えばいちいちページをめくる必要がなくなる。インフォメーション・レコードは、特定の人に注目して記入できるフォーム。その人に関連したスケジュールや打ち合わせ事項など、あらゆることを記入しておけばよい。こうすれば、必要なときに即座に検索することが可能となり、過去の決定事項など、常に確認することができる。

インフォメーション・レコード
Information Record

氏名：猪口	部署：プロダクトマーケティング 電話（内線）：3xxx－1111 E-mail（orニックネーム）：

プロジェクト名：Jカタログ制作

日付	フォロー日付	記録	
		私から	相手から
12/2	12/2	12/9希望	ミーティング日程
12/6	12/6		ミーティング 10日に
12/10	12/10		Jコンセプトの説明
			8ページ4C
12/11	12/11	スケジュール連絡	eメールで見積りの依頼
12/13	12/13	見積り連絡	Faxで
12/16	12/16	原稿は12/24に提出	正式ゴー
12/24	12/24	打ち合わせの結果	一部変更
		12/26に再提出	ビジュアル面で注文
12/26	12/26	PDFでチェック	1/6に返事
		スケジュール変更	2/10 納品
1/6	1/6	1/14にレイアウト再提出	微調整あり
1/14	1/14	初校レイアウト	1/17 チェックバック
1/17	1/17	1/21再校レイアウト	一部修正
1/21	1/21		チェック OK
1/22	1/22	データ入稿	

©2002 Franklin Covey Co. Original-COJ 52653

A4サイズの紙をプランナー・サイズにする

いつも持ち歩いていたい重要なメモや書類、心に残った雑誌の記事など、扱いに困ることはないだろうか？　小さく折りたたんで、プランナーのポケットに入れて、いざという時に出しにくいという経験はないだろうか？　また、重要だけれどもプランナー・サイズに合わないために、別の場所に保管している情報もあるかもしれない。

そういった情報は、プランナー・サイズに縮小しよう。A4の書類なら目安として64％の縮小でクラシックサイズに、56％でコンパクトサイズに、42％でポケットサイズになる（リフィルより多少横長になるが、バインダーに綴じるとすんなり収まる）。別売のホールパンチでプランナー・サイズのリングに合った穴を開けることができる。あるいは、縮小したものをホワイト・ブランクページに貼り付けてもよい。

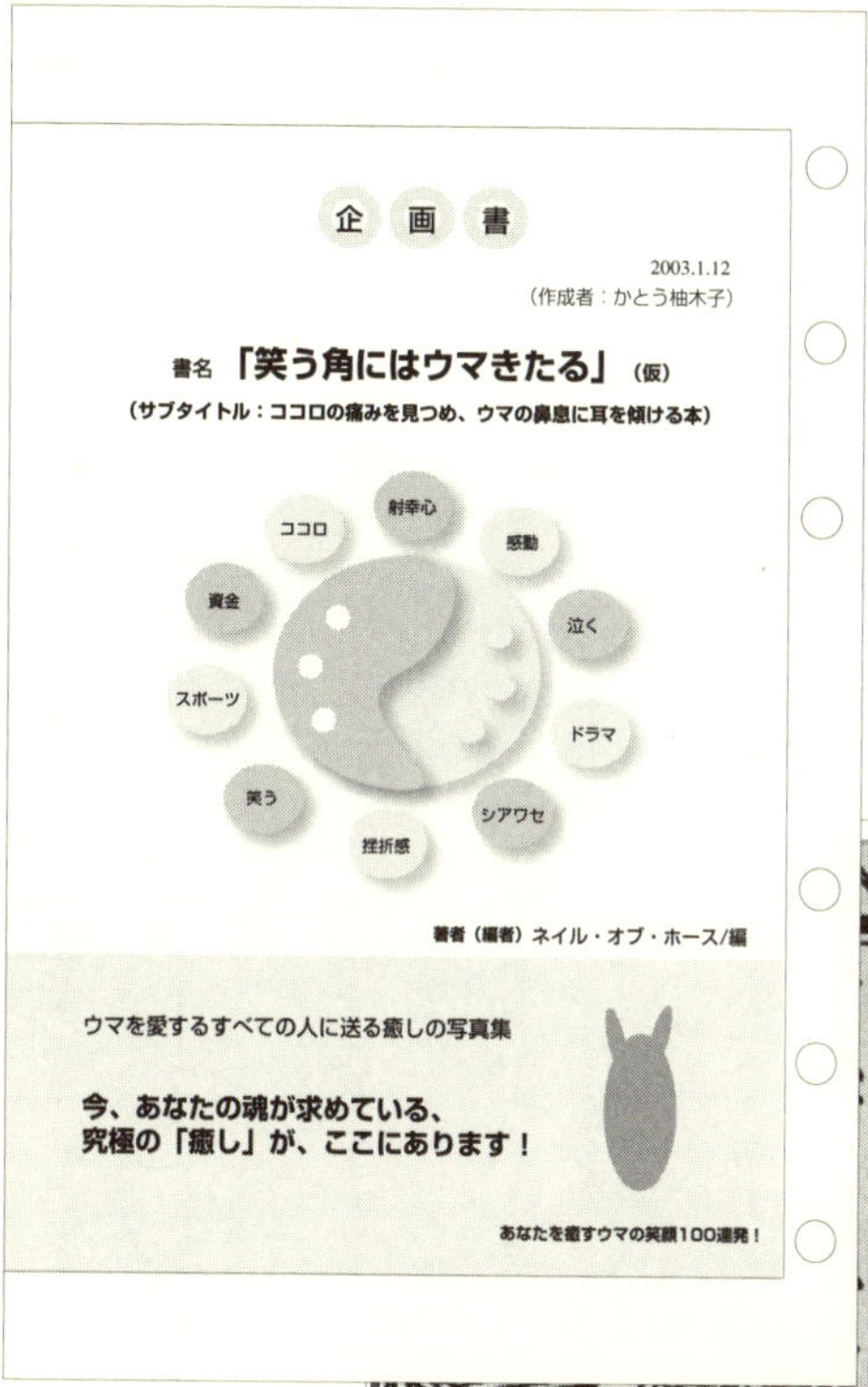

上下のスペースが余る場合は、天地をプランナーのセンターに合わせて綴じる

左は、リングの穴が文字にかからないよう、さらに縮小して余白に穴を開けた例

A4サイズの書類を、コンパクトサイズ用に56％縮小した例

一週間コンパスの裏面をマスター・タスク・リストとして活用する

一週間コンパスの表面には、その週の役割を記載するフォームになっているが、裏面はフリーのスペースとなっている。その欄に今現在、自分が抱えているマスタータスクを記入するのだ。

通常、プロジェクトやタスクは月や週で区切れないものも多く存在し、自分にとってのタスクは、それぞれのプロジェクトで考えた方が、考えやすいものである。そこで、常にその自分のマスタータスクが目に入るような仕組みにすることで、自分のするべき仕事を見失わずにすむようになる。

また一日では終わりそうもないが、かといって一カ月もかかるわけではない。そのようなタスクや課題に対しても、一週間コンパスは有効だ。

例えば、あるクライアントに対する提案書をまとめるといった一日では終わらないような仕事や、月例会議のための報告書をまとめるなど、毎月決まってはいるがそのための作業時間が流動的なタスクなどは、マスター・タスク・リストとして一週間コンパスの裏に書き込んでおくとよい。

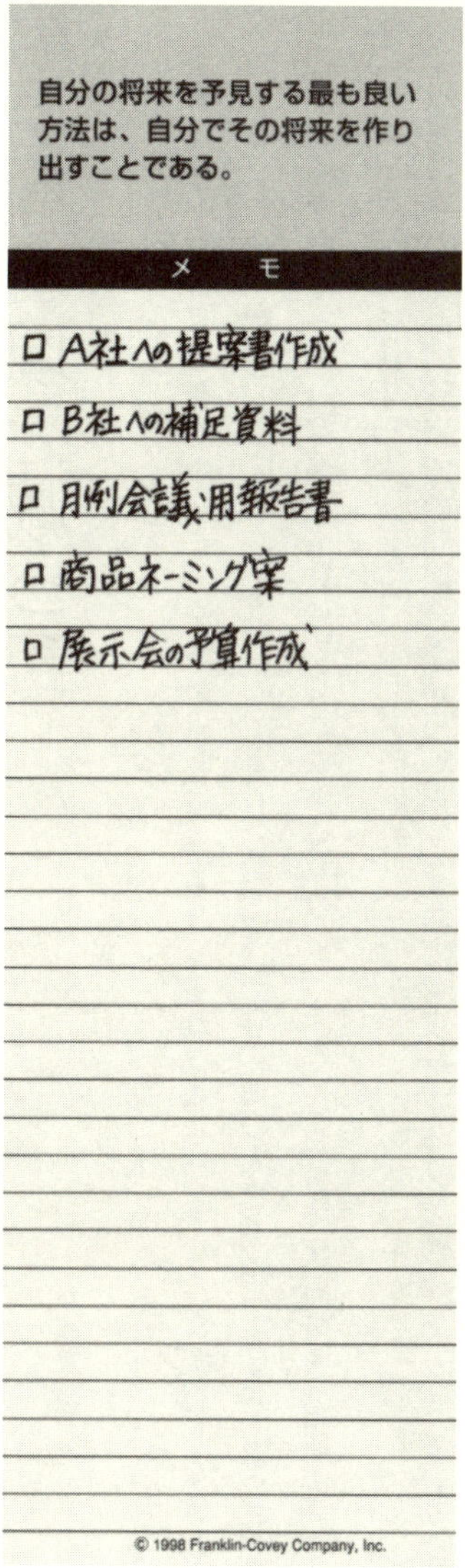
自分の将来を予見する最も良い方法は、自分でその将来を作り出すことである。

メ　モ

- □ A社への提案書作成
- □ B社への補足資料
- □ 月例会議用報告書
- □ 商品ネーミング案
- □ 展示会の予算作成

© 1998 Franklin-Covey Company, Inc.

先送り事項を減らす

まず自分の実行できなかったことを洗い出してみよう。それは本当にあなたが実行しなければならなかったことなのか。「今でなくてもいい」かもしれない、「誰か他の人に委譲できる」かもしれない、もしくはあなたが「やらなくてもいい」ことかもしれない。また、「自分で実行できる以上のことを計画していた」のかもしれない。

どうだろうか。計画時点での問題はなかったか。それでも実行する必要性があり、実行したいと思ったときは、次のことができないか、考えてみよう。

・思い切って公表する（資格をとるとか、ダイエットするとか）。
・2つのことを同時に行う（待ち時間を利用したり、隙間時間を利用する）。
・簡潔にする（どうすれば簡単にできるかを考える）。
・人に任せる（あなたでなくてもいいかもしれない）。
・やらない（本当にやるべきことなのか）。

目標は、あくまでフレキシブルにしておくことが大切だ。目標はあまり固定しすぎてもよくない。もとになる価値観は普遍でも、それを具現化する実行目標はあくまで「柔軟」にしておくべきだ。

先送り事項を減らすコツ
・思い切って公表する。
・2つのことを同時に行う。
・簡潔にする
・人に任せる
・やらない

思考の整理箱として最適のツール

楠哲さんは、コンサルティング会社への就職が決まったばかりの大学院生である。入社後3年間、非常に厳しい環境でプログラミング等の業務に携わらなければならないと聞いた楠さんは、その期間毎日自分でタスクを設定、目標を持って過ごし、次のキャリアを展望しようと考えた。そのためWebカレンダーのような形で使えるツールを自分で作成しようと、参考のために購入した本の1冊が『TQ』だった。

「自分ですごいツールを作ってやるぞと意気込んでいたのですが、この『コンセプトの深み』にはとてもかなわない。それなら、思い切り使いこなしてしまおうと思いました」

大学院生の生活は自由であると同時に、研究で使っているサーバのトラブルへの対処など突発的な出来事に振り回されることが多い。楠さんはもともと計画表を立ててその通りに日々を送るような生活スタイルが好きではなかったが、さすがにそうした不規則さから自分を取り戻し、生活をコントロールしたいと考えたこともプランナーを使うきっかけであったと言う。

楠さんは価値観の明確化のために、まず理想の自分を思い描いていった。そうすると、親に規定された、親

が期待する自分の姿が浮かんできて、それをつい書き出してしまったという。

「価値観は自分に立脚していなくてはいけないので、修正を加えていきました。これは親が言っていたことじゃないのかなあ、と。親から自立した意識で価値観を書くことができれば、結論は親と同じでもいいわけです。問題は、どういう気持ちで書いたかですから。社会人の場合、最初は会社が求める人材像や理想を書いてしまうかもしれません。でもスタートは、それでも仕方がないと思います。見直していくなかで、それに気が付けばいいのですから」

フランクリン・プランナーは「分類軸が便利。自分の思考を整理するのに便利なツールなので、これからも使っていきたい」と楠さんはいう。コンサルティング会社に入社して、プログラミングなどのハードな業務に3年間従事する際にも、「自分が何になりたいか」を常に意識していないと、モチベーションがダウンして自分を維持できなくなるのではという危機感を楠さんは持っている。そこで、30代後半にはこういう分野の第一人者になるという具体的なイメージを価値観ページに書いて、3年間と期限を付けた目標を「ＳＣＭ（サプライチェーン・マネジメント）の専門家になる」のように設定して使いこなして、フランクリン・プランナーを武器にハードな業務を乗り切って自分を成長させていきたいと考えている。

楠さんは、フランクリン・プランナーを使うことによって、日常生活上も大きな効果があったという。

「気が散って、何もすることができないという時間がなくなりました。どんな小さな事であっても、今日の優先事項に書き出してあると『これをやるぞという具合に自分に命じたのだから、やらなくてはいけない』と思って、自分で自分を律する感覚になります。心の安定まではまだいきませんが、何かやり残してイライラすることがなくなりました」

今まで研究優先の学生生活だったため、「ゴミ出しをする」などの日常生活上の事柄を明示的に書き出すことの意味は大きなものがあるという。例えば、「ゴミ出し」などはできればやりたくないことなので、研究活動に比べれば当然優先度も低かった。しかし、「今日の優先事項」に優先度を高くして書き出せば、たかが「ゴミ出し」といえども重要になる。

楠さんは今、就寝前に「明日これをやろう」とデイリーページに書き出して、翌朝顔を洗いながら、それを見ながら行動の確認を行っている。最初はそれほど自分でコントロールできていなかった生活も、最近ではすっかり自律的な形で定着してきたようだ。

「何よりツールだと思って、割り切ることが大切だと思います。デイリーページは記録欄も広いので、自分の記録を書き込んでいって、それを蓄積させて、まとまった情報として活用していく、そうしたツールとして価値があると思います。また、学生であれば、いろいろなことを模索するのに最適だと思います。ある目的を考える時に、思考の枠組みを提供するツールを使って考えていくのと、何もなしに考えていくのとでは、思考の深みや速度も全く違います。フランクリン・プランナーは、目的を考えるツールであり、私にとっては、『思考の整理箱』のようなものです」と、楠さんは語ってくれた。

プランナーは自分のためのコンパス

三浦武郎さんは、日本生命相互保険会社が１９９８年に発足させた部署で、外資系生保会社と同じように男性営業社員がコンサルティング型の営業を行う新都心ＧＬＡＤライフプロデューサーである。

三浦さんがフランクリン・プランナーを使うようになったのは、以前勤めていた印刷会社の社内で開催されたＴＱのセミナーに参加したことがきっかけだった。

そのセミナーを受講した後、三浦さんは、すでに受講していて社内でのセミナーをセッティングした上司が、セミナー後突然携帯電話に興奮して電話をかけてきた理由がよくわかった。三浦さんにとっても、セミナーの内容はこれからの人生を変えるほどのインパクトがあったのだ。

三浦さんは、漠然と家族を養うため仕方がないんだと考えて、毎日遅くまで働いていた。

「ともかく、目の前に山のようにある仕事をやらなくてはいけないとばかり考えていたのです。しかし、自分が本当に家族の幸せを得るために働いているのであれば、きょうは子供をお風呂に入れるために早く家に帰るんだと決めて自分の仕事を調整していく、そうしたやり方が必要だ」と二番目の子供が生まれたばかりだった

三浦さんは考え、プランナーをセミナーの翌日から使い始めた。
　価値観を明確にして、そこからブレイクダウンして目標とタスクを設定していく作業を使い始めた直後に行うのが難しかったと三浦さんは語る。
「日々の仕事に追われて時間を割くことができずに、自分の人生の目標をハッキリさせていく、自分を掘り返していく作業が遅れてしまいました。つまり、『大きな石はどこに入っているのか』と考えた時に、それをやらずに、プランナーだけを使い続けるのは間違っていると感じていました。3〜4

時間集中すればできる作業だったので、もっと早い時期に時間がとれればよかったと思っています」

それでも、営業に出て、客先との打ち合わせ時間の合間に、部下と二人で時間を作り、「自分は何のために働いているのだろうか」と質問を出し合い、話し合った。

「何のために働いている（生きている）のか？」→「会社のため、部下を守るため、会社の発展のため？」。最初の質問にとりあえずの答えを出し、その答えに対して、さらに「なぜ？なぜ？なぜ？」と質問していくやり方である。そうしたやり取りのなかで、三浦さんが最終的に到達した目標のイメージは、「70才の頃に、何不自由することなくお正月に家族でこたつを囲んで楽しく過ごしている」ものだった。また、その途中、40代の中間目標のイメージは「新婚旅行で行ったモルジブに家族みんなで1週間ほど休みをとって行く」だった。

よく知っている者同士二人で向き合って、やり取りした効果は大変大きかったようだ。何時間もやり取りすることによって、ただ一人で黙々とプランナーに書き込んでいるよりもお互いの考えが明確になり、書き込む内容もはっきりさせることができたという。そこで三浦さんが導き出した答えは、「今のままで昇格昇進していっても、自分がイメージする中間目標にも最終目標にも到達することは不可能だ」というものであった。

そこから、三浦さんの転職に向けた行動が始まった。そして日本生命ＧＬＡＤの仕事が決まり、辞める理由として三浦さんが会社に言ったのは、「自分が生きていく上での価値観をこの会社に求めることは難しいと思うので辞めさせていただきます」であった。

「前の会社でそのままであれば、昇進して管理職になり、そして机に座ってハンコを押しているというイメージが頭に浮かびました。そういう生き方を選ぶ人もいると思うのですが、自分にはとても『ぬるい』ように感じられました。プランナーを使うようになって、生きていくことは自分との闘いであると確信するようになっていたので、このまま管理職になって自分が成長できるだろうか、疑問でした。会社組織の決まりきったコースから抜け出して、自分で自分を律していく道を選びたいと考えたのです」

現在、三浦さんはフランクリン・プランナーの月間カレンダーと月間目標と主要課題ページを使って目標を設定し、それを1週間毎の目標にブレイクダウンしている。日々のタスクを設定し、毎日チェックするプロセスは踏襲しているものの、生命保険のコンサルタント営業という活動の特性から、毎日のスケジュールを厳密に守るよりも、1週間のスパンで目標を決め、1カ月単位を〆ていくやり方が使いやすいと、自分に合わせてフランクリン・プランナーの使い方もカスタマイズしている。

「何か、偉そうなことを言いましたけれど、別に大したことをやっているわけではないのです。ただ、それほど難しいことでもないので、『何のために働いているのですか?』『何のためですか?』と、皆さんも一度考えてみることをお勧めします。きっと、得られることも多いと思いますよ」

第5章

プロジェクトでフランクリン・プランナーを使う

組織と個人のアライメントをとる

現代社会では、ほとんどの人が企業や役所、団体など、何らかの組織に所属し、そこで働いて報酬を得て生活している。そのため、自分自身の日々の行動指針となる基本的な考え方、すなわち価値観に沿った生活を送りたいと考え始めたとたん、組織と個人の価値観のアライメント（一線化）に悩むことも多いようだ。では、実際に個人と組織の価値観の一線化はどのようにして実現したらよいのだろうか。そのためには、いくつかの方法がある。

例えば、あなた自身の価値観と組織の価値観の間のリンクを見つけること、あるいは時間的スパンを考えることだ。また、仕事とプライベートを完全に分ける考え方もあれば、自分の価値観に合わない仕事だと考えるなら、価値観に合う別の仕事を見つけることでアライメントをとる方法もある。

しかし、実際には、こうしたやり方でアライメントをとるのはなかなか難しい。時間的な使い分けや自分の価値観に合致した会社や仕事を見つけること自体が困難であり、よほど強い意志を持っていないと実現できないからだ。そこで現実的な解決法として、自分が置かれている状況のなかで自らの意志を捨てずに、自分の価値観に沿って生きていくことができないかが問題となる。しかも、できるだけストレスを減らしながら、自分自身の価値観と組織の価値観の折り合いをつけようと考えることは、精神衛生上極めて重要となる。

では、アライメントをとる方法について、もう少し詳しく見てみることにしよう。

個人と組織の価値観にリンクを貼る

あなたが「家族全員が幸せな生活を送る」という価値観を持っていたとしよう。幸せな生活を送るためには収入が必要であると考え、自分が望むような収入を確保するためには、会社を発展させることが必要だと判断して、全力で働くことにした。これはあなた自身の価値観と組織の価値観の間にリンクを貼る（つながりを見つける）ことによって、アライメントをとる一つの方法である。

価値観の優先順位を時間軸で考える

また、あなたが「家族とできるだけ長く一緒の時間を過ごす」ことを最大の価値観として持っていたとしよう。ところが、あなたは職場で大変忙しく、毎日家に帰るのは11時過ぎになってしまうし、土曜日も持ち帰った仕事を自宅でやらなくてはならず、家族と一緒に過ごす時間もない。こんな場合、例えば2年間は会社のために集中して働くことを家族の納得も得て最優先し、その後は優先順位を変えて家族との生活を最優先するという方法もある。このように、時間軸で優先順位を変えることによって、個人と組織の価値観に折り合いをつけるやり方も一つの方法である。

仕事とプライベートを分ける

さらに、すでに見てきたように、仕事とプライベートを別々に考えて、仕事は家庭に一切持ち込まず、逆に仕事中はプライベートなことを一切考えず、完全に分離するというやり方もある。正確に言えば、アライメントと呼ぶことはできないが、「仕事は仕事として割り切る」という考え方も価値観の一つではある。

価値観の一致する組織に移動する

どうしても今の仕事、組織とはアライメントがとれない場合、そのときは、現在の会社や仕事で自分の価値観と合致させることを諦めて、自分の価値観に合う会社や仕事を探して、転職・転業することによって、アライメントをとるやり方もある。あるいは、自分の価値観に沿った組織を立ち上げることも考えられる。あくまで自分の価値観を優先させる考え方だ。

○ リンクをはる

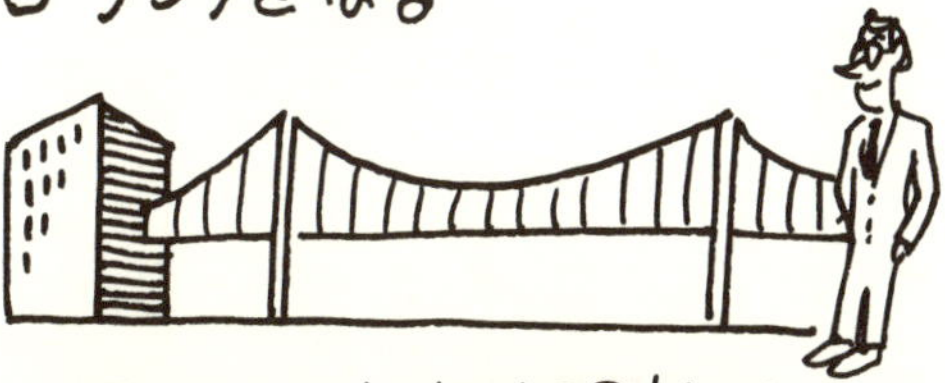

○ 優先順位を時間軸で

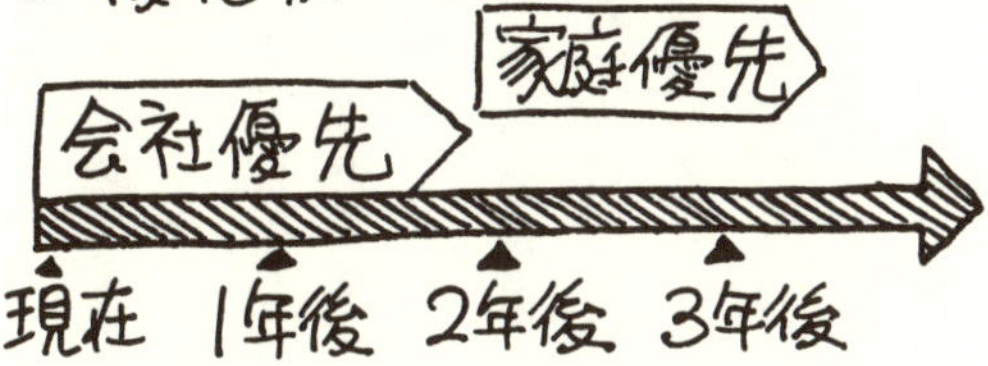

○ 仕事とプライベートを分ける

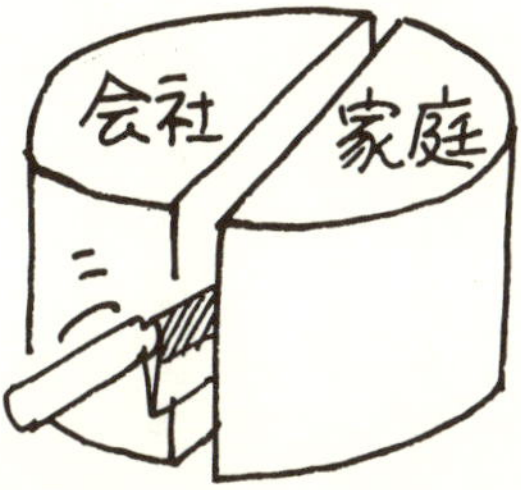

○ 価値観の一致する組織へ移動

目的意識を持って仕事をする

以上の方法は、具体的な行動を通して、あなた自身の価値観と組織の価値観のアラインメントをとるやり方であった。しかし、現実には、こうした方法で最後までやり遂げるのは大変難しい。実際には、そこまでの選択ができなかったり、途中で挫折したりしながら、日々の生活を送っている人がほとんどだと思われるからだ。

これから述べる方法は、今までとは少し考え方を変えて、無理なアラインメントをとることはせず、あなたが仕事や生活のなかで自己修養することによって、自分の価値観に沿う形で自分の目指すものを実現していくやり方を紹介したい。

そこでカギになる考え方は、『7つの習慣―ティーンズ』のなかで、アルバート・E・グレイが述べている「成功する人は成功しない人のしないことをあえて行う。それは嫌いという思いを目的意識の強さでやってしまう」という言葉にある。

例えば、あなたが、「あと2年で独立する」という目標と目的意識を持っていたとしよう。そうした目的意識が強ければ、自分にとってイヤな仕事や不得意な仕事であっても、間違いなく自分にとっての訓練という気持ちや、他人が通らなかった道にこそ新たな成功はあるという信念で積極的に取り組むことができるはずだ。また、そうした目的意識のなかで過ごすことで、これまで見えなかった「機会」や「ひらめき」に出会う可能性も高まるはずだ。

たとえあなたの今やっている仕事が自分にとって不本意なものであっても、自分の目的を実現するための一歩なのだと決めて取り組めば、モチベーションは全く違ってくる。そうしたなかで、できるだけ、自分でコントロールできるような状態を作り上げていくようにすれば、人がなんと言おうが全く気にせずに、明確な目的意識の下に毎日の仕事や生活を送ることができるようになるはずだ。

ビジネスマンとしての目的を明らかにする

あなたは会社、組織のなかで、何を目的として仕事をしているのか。この目的を見つけない限り、あなたは日々の仕事に翻弄され、目先のことに一喜一憂する毎日を送ることになる。前述したように自分と組織の間にアライメントをとるということは、自分の仕事の目的（何を目標に働いているのか）を明らかにしていく作業でもある。自らのビジョンという確固としたものがない限り、共感したり、反発したりすることすらできないからだ。

フランクリン・プランナーの目標設定用紙を使って、自分の10年後、20年後のビジネスマンとしての理想の姿を描き、具体的なゴールを定めてみよう。そしてそのゴールに対して、今の自分の仕事の意味はどこにあるのか、その仕事を来年はどうするのか、何をすればそのゴールに近づくことができるのか。一つひとつ書き出してみよう。将来変更しても、途中で多少のずれがあってもかまわない。重要なのは、「今、あなたの仕事の目的は何なのか」という問いに対し、明確な答えを持つことなのだ。

ゴール
目的

フランクリン・プランナーでプロジェクトを管理する

あなたは毎日、降ってくるようなたくさんの仕事をこなすことが自分の役割だと考えてはいないだろうか？　ビジネスの現場では誰もが同時に複数の仕事をこなしている。仕事量は増えることはあっても減ることは少ない。さらに、ルーチンワークはほとんどなく、仕事の内容はますます複雑になるばかりだ。

そうした状況から抜け出すためには、あなたがやらなければならない仕事の一つひとつをプロジェクトと考えて管理し、仕事を効率的に処理しなければならない。そのためにはツールが必要となる。まず、あなたの仕事、すなわちプロジェクトの目的とビジョンを明確にしていくことが必要となる。また、さまざまな仕事が毎日のように押し寄せ、１日の限られた時間のなかで、プロジェクトを遂行していくためには、プロジェクトのタスクの優先順位を決めることが重要となる。フランクリン・プランナーは、こうしたプロジェクト管理に最適なツールだ。

フランクリン・プランナーを使えば、あなたがやらなければならないプロジェクト全体を管理できる。フランクリン・プランナーは、何種類かのフォームを使って、一つひとつのプロジェクトについて、プロジェクトを成功させるために必要なすべての要素を管理できる。そして、担当するプロジェクトのすべてを1冊のフランクリン・プランナーで管理することで、大事なプロジェクトを確実に成功に導くことができるようになるはずだ。

プロジェクトの目的を明らかにする

計画を立てる前にプロジェクトの目的を明らかにする

通常私たちが何らかのプロジェクトを推進しようとする時に、陥りがちなプロセスがある。「PLAN、DO、CHECK」がそれだ。まず計画ありきで、それに対し実行し確認するという、一見正しいプロセスに見える。しかし、このプロセスには決定的に欠けている点がある。ここまでフランクリン・プランナーについて学ばれてきた方たちには、もうおわかりだと思うが、それは「プロジェクトの目的の明確化（ビジュアル化）」だ。

どんなプロジェクトであってもそれには本来の目的があり、成功した時のゴールイメージが存在するはずだ。例えば、「IT推進化プロジェクト」が発足したとしよう。名称は「IT推進」であったとしても、そのゴールは決してインフラの整備ではない。そのインフラの整備によって何が達成でき、具体的なベネフィットとして何を得ることができるのかであるはずだ。

そこを明確にしない限り、最終的にこのプロジェクトが失敗したり、途中で間違った意思決定をする可能性が高くなる。プロジェクトの目的は、自分自身でも本当に判断に困るような事態になったときに、最終的な指針となることができる。目的がはっきりしていれば、プロジェクト推進を行う時の納得感も全く異なってくるはずだ。

フランクリン・コヴィー社では、プロジェクトの目的を明確化（ビジュアル化）するために、マインドマッピングという手法を紹介している。次ページで詳しく見てみよう。

マインド・マッピングでプロジェクトのビジュアル化を行う

プロジェクトの目的を明確化していくプロセスのなかで、プロジェクト完了時に希望する結果のビジュアル化を行う。そうすることによって、自分自身のそのプロジェクトに対する理解が深まり、プロジェクトを推進するメンバー全員の動機付けと一体感を醸成できる。そこで、プロジェクトの完成した姿・最終結果を思い描いてから、ビジュアル化、ビジョン作りに取りかかる。

まずプロジェクトの定義＝「何を、いつ、どこで」を記入し、そのあと「望まれる結果、目指すべく姿」をマインド・マッピング形式でビジュアル化する。ここでは、間違いなど気にすることはない。思ったことをどんどん記入していくのだ。書き込んでいくことで、今まで考えていなかったことが明らかになっていく。マインド・マッピングというのは、広がる考え方を図式化することで、ビジュアルに体系的にまとめていくことができる優れた方法だ。

例えば、中途採用の営業スタッフ研修の場合を考えてみよう。研修を「いつ」「どこで」行うか、そして研修で「何を」習得するのか、どんな「プログラム」で研修を行うのか。「講師」はどうするのかなどを左ページの図のようにマインド・マッピング形式で一覧にする。そうすることによって、目的達成の手段と方法に漏れがないかどうかを確認することができるのである。

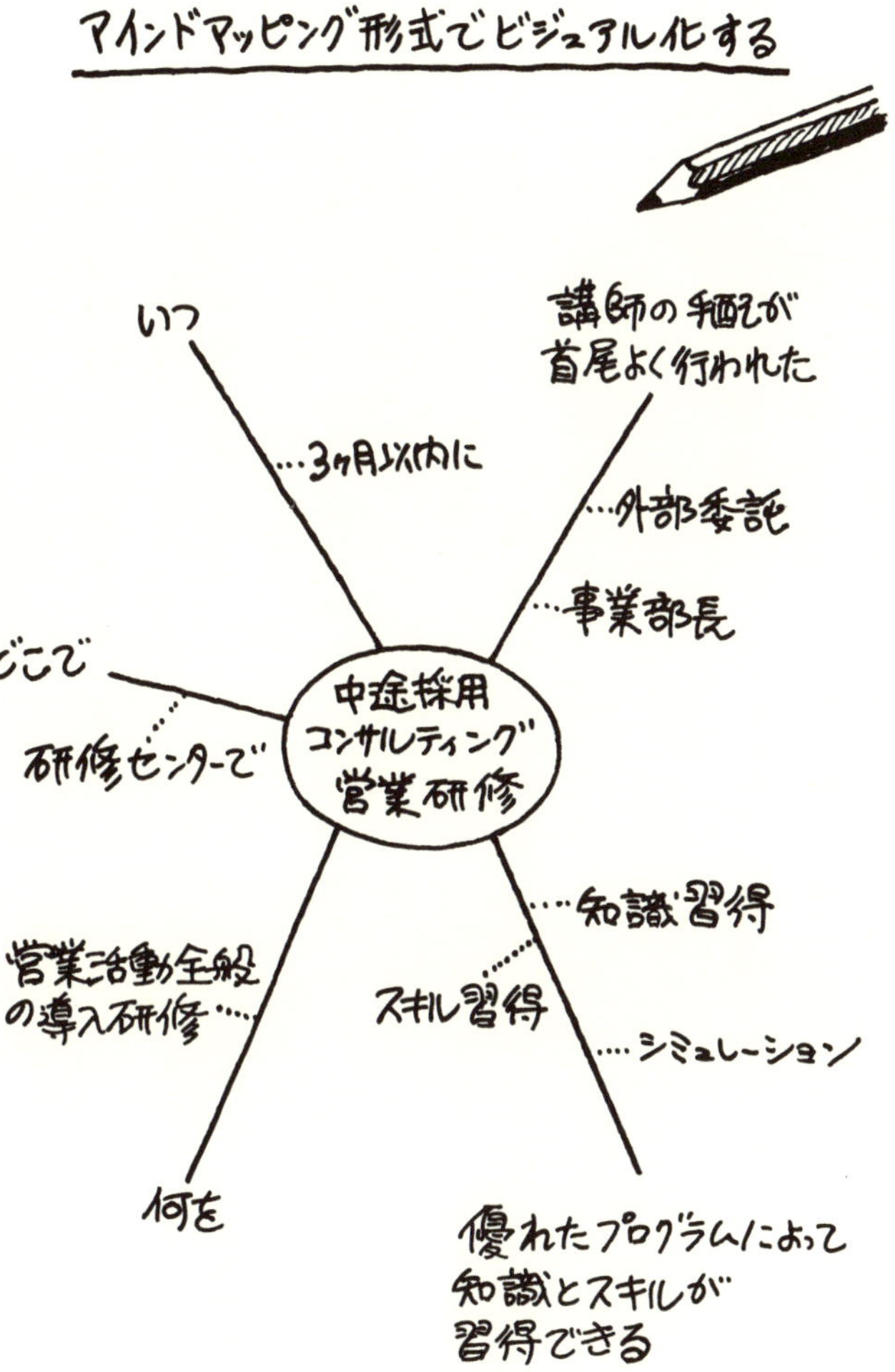
マインドマッピング形式でビジュアル化する
いつ
…3ヶ月以内に
講師の手配が
首尾よく行われた
…外部委託
…事業部長
どこで
研修センターで
中途採用
コンサルティング
営業研修
…知識習得
スキル習得
…シミュレーション
営業活動全般
の導入研修…
何を
優れたプログラムによって
知識とスキルが
習得できる

プロジェクトの進捗管理を行う

すべての工程を管理する「プロジェクト・タイムテーブル」

プロジェクトの管理では、まず、一つひとつのプロジェクトについて、スタートから完了までのすべての工程を管理する工程管理表が必要になる。フランクリン・プランナーには、工程管理を行うために「プロジェクト・タイムテーブル」フォームが用意されている。一つのプロジェクトに1枚ずつ「プロジェクト・タイムテーブル」を割り当て、プロジェクトの進行を管理し、目標通りに成功させるためのタイムテーブルを作っていく。

「プロジェクト・タイムテーブル」にはプロジェクトの定義、期待される結果、目指す状態、予想される障害や対処法をあらかじめ書き込む欄が設けられており、プロジェクトの内容は課題やタスクごとに書き込めるようなっている。また、予算と実績も記入できるので、見積りや実際のコスト把握もできるようになっている。こうして、「プロジェクト・タイムテーブル」1枚で、一つのプロジェクトの全体像を一目で把握できる。

どんな性格のプロジェクトでも、プロジェクトの開始から、途中の要所要所でさまざまな会議が行われる。また、プロジェクトには経営層から上司、同僚、関連部署のスタッフ、さらには取引先や顧客まで、さまざまな利害関係者（ステークホルダー）が存在する。さらに、プロジェクトはチームで行うので、その進行過程では業務やタスクの委任が日常的に発生する。

フランクリン・プランナーは、こうしたプロジェクトの全過程における不可欠な要素をすべて網羅する形でフォームを提供しており、プロジェクトのすべての要素をフランクリン・プランナーで管理できる。

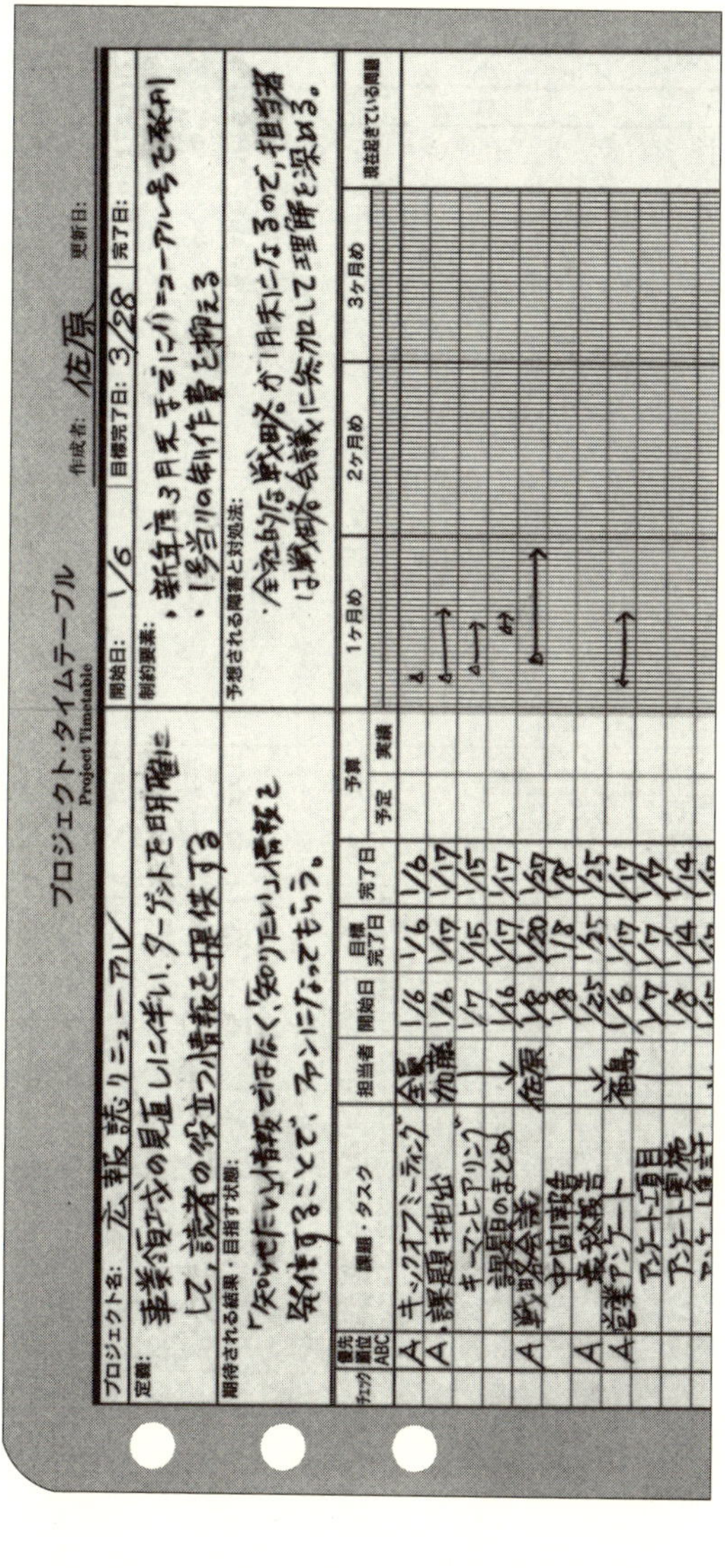

プロジェクト・タイムテーブル
Project Timetable

プロジェクト名: 広報誌リニューアル　作成者: 佐原　更新日:

定義: 事業領域の見直しに伴い、ターゲットを明確にして、読者の役立つ情報を提供する

開始日: 1/6　目標完了日: 3/28　完了日:

制約要素: ・新年度3月末までにリニューアル号を発刊 ・1号当りの制作費を抑える

期待される結果・目指す状態: 「知りたいけど情報がない」「知りたい」情報を発信することで、ファンになってもらう。

予想される障害と対処法: ・全社的な戦略が1月末になるので、担当者は戦略会議に参加して理解を深める。

チェック	優先順位ABC	課題・タスク	担当者	開始日	目標完了日	完了日	予算 予定	予算 実績	1ヶ月め	2ヶ月め	3ヶ月め	現在起きている問題
	A	キックオフミーティング	全員	1/6	1/6	1/6						
	A	課題抽出	加藤	1/6	1/17	1/17						
		キーマンヒアリング		1/7	1/15	1/15						
		課題のまとめ		1/16	1/17	1/17						
	A	戦略会議	佐原	1/8	1/20	1/20						
		中間報告		1/8	1/8	1/8						
	A	最終報告		1/25	1/25	1/25						
	A	営業アンケート	福島	1/6	1/17	1/17						
		アンケート項目		1/7	1/7	1/7						
		アンケート実施		1/8	1/14							
		アンケート集計										

会議を実りあるものにする「ミーティング・プランナー」

プロジェクトを目標通りに成功に導くためには、プロジェクトのそれぞれの過程で行われる会議を効率的に行う必要がある。フランクリン・プランナーの「ミーティング・プランナー」フォームに従って、ミーティングを行っていけば、効率的な会議を行うことができる。

会議を成功させるためには、その目的をはっきりさせることが最も大切となる。どんなミーティングでも、その目的は3つしか存在しない。1番目は決定するためのミーティング。2番目は各人のアイデアを自由に出し合うブレーンストーミングのためのミーティング。そして3番目が告知、情報提供のためのミーティングだ。

会議の目的にはこの3つしかないので、開催前にどのタイプの会議であるかをはっきりさせておくと、余計な時間やエネルギーを浪費せずに、ミーティングを行うことができる。また、参加者がそのミーティングのための事前準備を行ってくることが大変重要となる。

「ミーティング・プランナー」は、1回のミーティングに1枚ずつ利用できるようになっており、タイトル、目的、場所、出席者、議題、決議事項、準備事項、委任事項、メモなどを書き込むことができる。これを利用すれば、プロジェクトをうまく進めるためのさまざまな要素をすべて網羅した形で、会議を効率的に進めることができる。

ミーティング・プランナー
Meeting Planner

日付： 1/21
会議名： 広報誌リニューアル
目的： オリエン資料検討
達成事項： オリエンテーションを効果的に行うための内容を固める
場所： 会議室

時間：	予定時間			実際の時間		
	開始	終了	所要時間	開始	終了	所要時間
	14:00	16:00	2	14:30	16:30	2H

形式： グループディスカッション
ファシリテーター：
書記： 福島
責任者： 佐原
タイムキーパー：
出席者：

1	加藤	出欠（出に○）
2	福島	出
3	樋口	出
4	山下	出
5		
6		
7		

課題	チェック	優先順位	
1		4	特集テーマ
2		3	訴求ポイント
3		2	ターゲット
4		1	体裁、
5			
6			
7			
8			
9			
10			
11			
12			

©2002 Franklin Covey Co.
Original-COJ 52585

利害関係者を明確にし、円滑なコミュニケーションを実現する「インフォメーション・レコード」

どんな仕事やプロジェクトにも、上司や同僚、関係部署のスタッフや顧客が必ず存在する。プロジェクトを成功させるためには、こうした利害関係者とコミュニケーションをとりながら、プロジェクトを進めていく必要がある。中でも重要なのが、プロジェクトの決定権者である主要な利害関係者（キーマン）の意見やニーズを把握し、常にプロジェクトの進む方向と一致させることだ。

あなたがプロジェクトそのものに決定権を持っていれば問題はないが、多くの場合は、上司や経営層が決定権者だ。そうした決定権者をプロジェクトごとに主要な利害関係者として明確にしていくと、その人がプロジェクトにどのような期待を抱いているかがわかってくる。そして、その期待に合わせて、プロジェクトのビジョンを描けるようになってくるのである。

「インフォメーション・レコード」は、キーマンがプロジェクトに対してどのような期待を抱いているのかを記録する最適のフォームだ。このフォームは利害関係者一人ずつの名前とプロジェクト名を書き込み、その人との会話や会議でのやりとりを時系列で記録として書き込めるようになっている。「インフォメーション・レコード」では、何を報告したか、何を情報として得たかを区別していくことができ、利害関係者一人ひとりの考えについて漏れなく把握できる。

インフォメーション・レコード
Information Record

氏名：城山	部署：営業部長 電話（内線）：333 E-mail (orニックネーム)：

プロジェクト名：広報誌リニューアル

日付	フォロー日付	記録	
		私から	相手から
1/6	1/6	営業アンケートへの協力依頼	
1/7	1/7		アンケート項目追加希望
1/17	1/17	アンケート集計結果報告	
1/20	1/20		結果に対する評価意見

©2002 Franklin Covey Co.

Original-COJ 52653

業務の委任を管理する「プロジェクト・チーム・アサインメント」

どんなプロジェクトも、一人で完結する仕事はほとんどない。プロジェクトを進める上では、仕事を部下や同僚、あるいは社外スタッフなどに委任することになる。

ところが、委任した業務の管理は大変に難しい。自分で仕事をする時は自分を管理すればよいのだが、委任する場合には、いろいろな原因による業務の遅れをはじめ、さまざまな問題が発生する。こうした委任業務に対する督促やフォローアップなどの管理をやりやすいようにしたのが、「プロジェクト・チーム・アサインメント」フォームだ。

「プロジェクト・チーム・アサインメント」では、委任するタスクと委任先、そしてその締め切り日時を書き込めるようになっている。これによって、委任先のタスク進捗状況が把握できるように、委任相手のメンバーを右側に記入し、タスク開始日、目標完了予定日、そして実際のタスク完了日を記入する。こうして、プロジェクトごとの委任業務の進捗状況を一覧でき、プロジェクトを計画的に実行できるようになる。

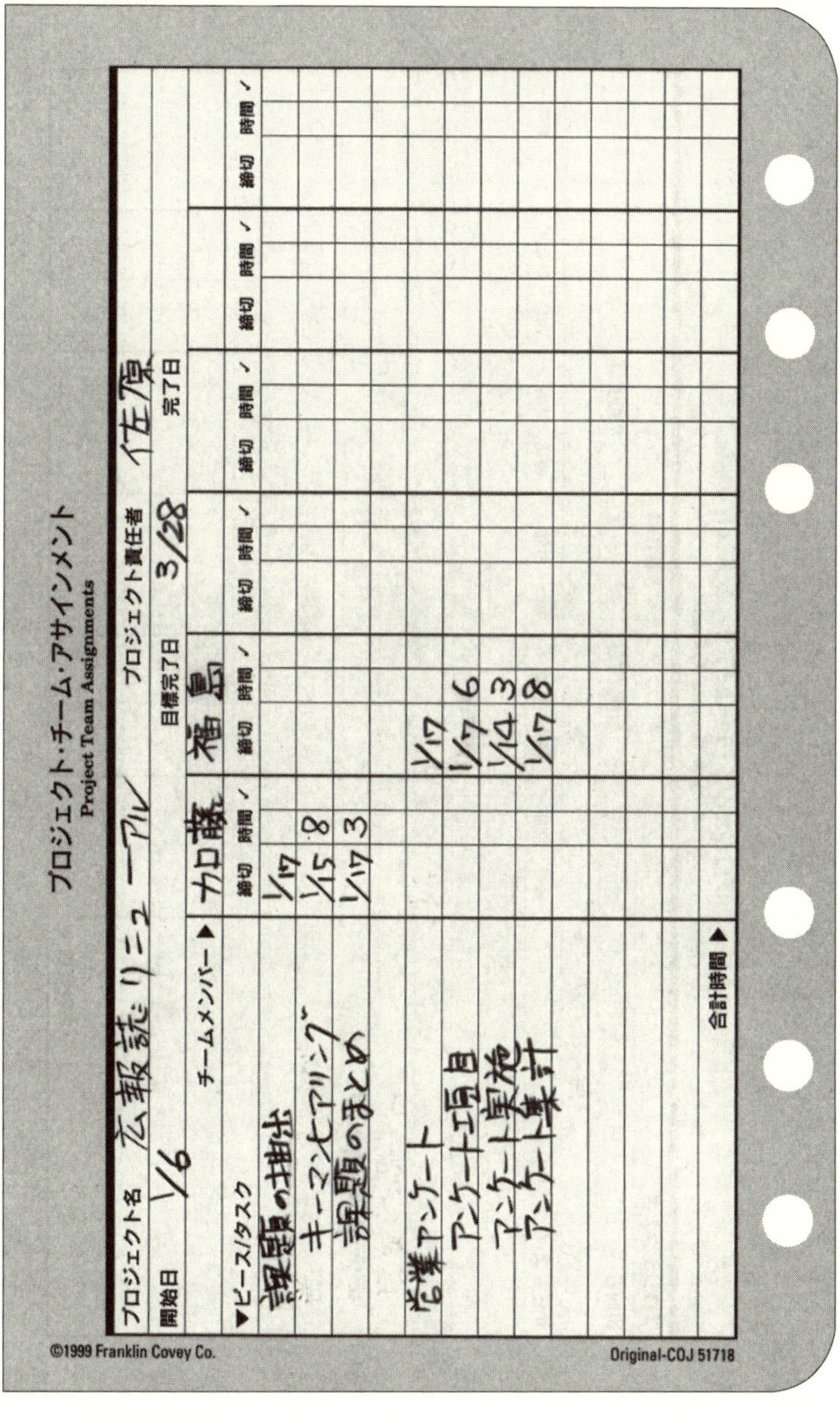
プロジェクト・チーム・アサインメント
Project Team Assignments
プロジェクト名 広報誌リニューアル
プロジェクト責任者 佐原
開始日 1/6
目標完了日 3/28
完了日
チームメンバー▶ 加藤 福島
締切 時間 ✓
▼ピース/タスク
課題の抽出 1/17
キーマンヒアリング 1/15 8
課題のまとめ 1/17 3
作業アンケート 1/17
アンケート項目 1/7 6
アンケート実施 1/14 3
アンケート集計 1/17 8
合計時間▶
©1999 Franklin Covey Co.
Original-COJ 51718

全プロジェクトを「一週間コンパスの裏」に記入する

今まで見てきたように個別のプロジェクトは、「プロジェクト・タイムテーブル」「ミーティング・プランナー」「インフォメーション・レコード」「プロジェクト・チーム・アサインメント」の4つのフォームで管理できる。しかし、通常は、複数のプロジェクトが同時並行で進行することが多い。あるプロジェクトではメインメンバーとして仕切り、あるプロジェクトでは一部分を手伝うといった具合だ。プロジェクトごとに固有のスケジュールがあり、それに応じて業務を遂行することになる。

したがって、自分が関わっているすべてのプロジェクトを把握していなければ、漏れやダブルブッキングなどが発生して、プロジェクトの進行に悪影響を及ぼしかねない。個別のプロジェクト管理は前述したフォームで行うことができるが、全プロジェクトを一覧することはできない。

そこで有効なのが「一週間コンパスの裏」を全プロジェクトの管理フォームとして使うことだ。そこに自分が関わっているすべてのプロジェクトを記入しておくだけで、毎日全プロジェクトを一覧できる。何よりも、毎日いつでも自分の目に触れているので、何が今動いているのか、しっかりと頭の中に入れることができる。複数のプロジェクト管理に意外に便利なのが「一週間コンパスの裏」なのだ。

自分の将来を予見する最も良い方法は、自分でその将来を作り出すことである。

メ　モ

①広報誌リニューアル
(1/6 ～ 3/28)

②新規事業開発
(2月 ～ 5月末)

③B販促企画
(1/18まで)

④春のキャンペーン
(～ 4月末)

⑤C商品販促
(3月 ～ 4月)

⑥ユーザーアンケート
(2月中)

⑦新聞広告
(3/15)

© 1998 Franklin Covey Co.

フランクリン・プランナーのタスク管理で、今日何を行うかを明らかにする

同時並行的に進行するプロジェクトでの必要な業務を確実に実行するには、毎日のタスクとして管理しなければならない。そのためには、フランクリン・プランナーのデイリーページやウィークリーページの優先事項欄を使って、毎日の時間管理を行うことが必要だ。つまり、どれだけ複数のプロジェクトが進行し、長期的な仕事にかかわっていたとしても、最終的には「今日何をするか」しかないからだ。

その際、同時並行で行っているプロジェクトの細かいABC分析をどのような基準で行って、優先順位を決めればいいのかという問題が出てくる。誰もが、一日の限られた業務時間のなかでタスクを行っていかなければならないので、自分が抱えているプロジェクトの全体を見渡した上で、自分の判断に基づいてABC分析を行い、それに従って優先順位を決め、業務を行っていく必要がある。

その基準はケースバイケースとなるが、最も一般的な基準は、自分の作業が遅れることによって、次の作業に大きな影響が出る（クリティカルパスと言う）ことを優先するということになるだろう。その他、納期の短いプロジェクトを優先する、あるいは利益の大きなプロジェクトを優先するということとなるかも知れない。

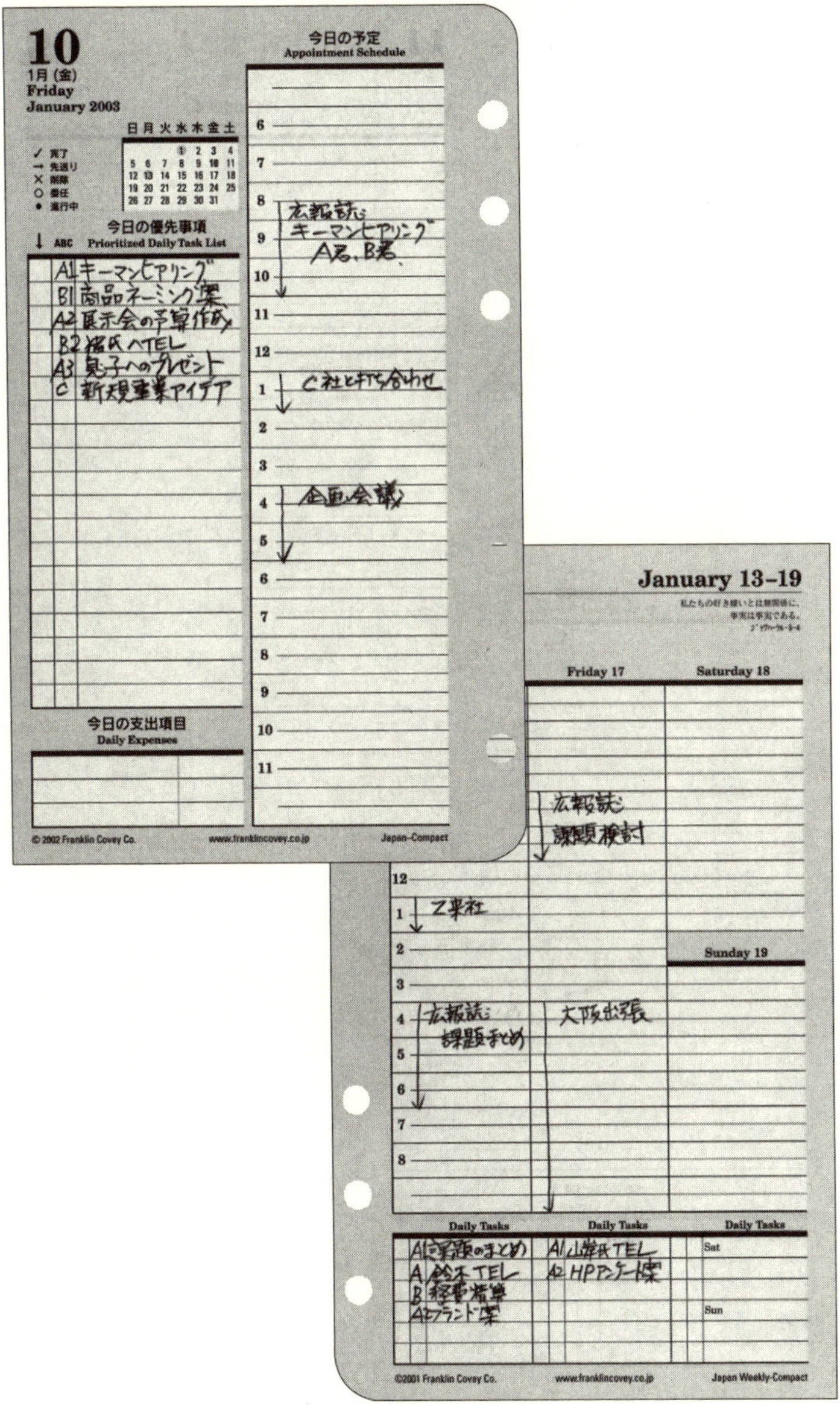
10
1月（金）
Friday
January 2003
日 月 火 水 木 金 土
✓ 完了
→ 先送り
× 削除
○ 委任
● 進行中
今日の優先事項
ABC Prioritized Daily Task List
A1 キーマンヒアリング
B1 商品ネーミング案
A2 展示会の予算作成
B2 ○○氏へTEL
A3 息子へのプレゼント
C 新規事業アイデア
今日の予定
Appointment Schedule
広報誌
キーマンヒアリング
A君、B君
C社と打ち合わせ
企画会議
今日の支出項目
Daily Expenses
© 2002 Franklin Covey Co.
www.franklincovey.co.jp
Japan-Compact
January 13–19
Friday 17
Saturday 18
Sunday 19
広報誌
課題検討
Z来社
広報誌
課題まとめ
大阪出張
Daily Tasks
A1 課題のまとめ
A 鈴木TEL
B 経費精算
A2 プランド案
A1 山崎氏TEL
A2 HPアンケート案
Sat
Sun
©2001 Franklin Covey Co.
www.franklincovey.co.jp
Japan Weekly-Compact

クリティカルパスを管理する

プロジェクトを管理する上でもう一つ重要なのは、クリティカルパスの問題だ。タスクを分解してみると、タスクには自分の仕事次第で全体のスケジュールを左右するタスクと、自分の判断や業務で、ある程度の調整ができるタスクの2種類あることがわかる。

全体を左右するタスクはクリティカルパスと呼ばれ、この工程には特に注意して、予定した時間内に必ず完了させることが必要だ。クリティカルパス上にないタスクは多少の遅れがあっても、全体の工程に大きな影響は及ぼさないが、クリティカルパスでの遅れはプロジェクト全体の進行に大きな遅れを生み出す。

どんな小さなプロジェクトでも、予定通りに完了させなければならないタスクが必ず存在する。仕事は一人でやっているわけではないので、自分の受け持ちの仕事を予定通りに終わらせないと、次の担当に影響が出ることになってしまう。

そこで、その仕事を完全に終わらせるために、フランクリン・プランナーのデイリーページの「今日の予定欄」に何時から何時までは、そのプロジェクトのための時間として必ず使うという形で記入し、時間を確保する。これはブロッキングという方法だが、ＡＢＣ分析による優先順位付けとは別に、必ず時間を設定し、それに基づいてタスクを実行して、クリティカルパスを確保する必要がある。

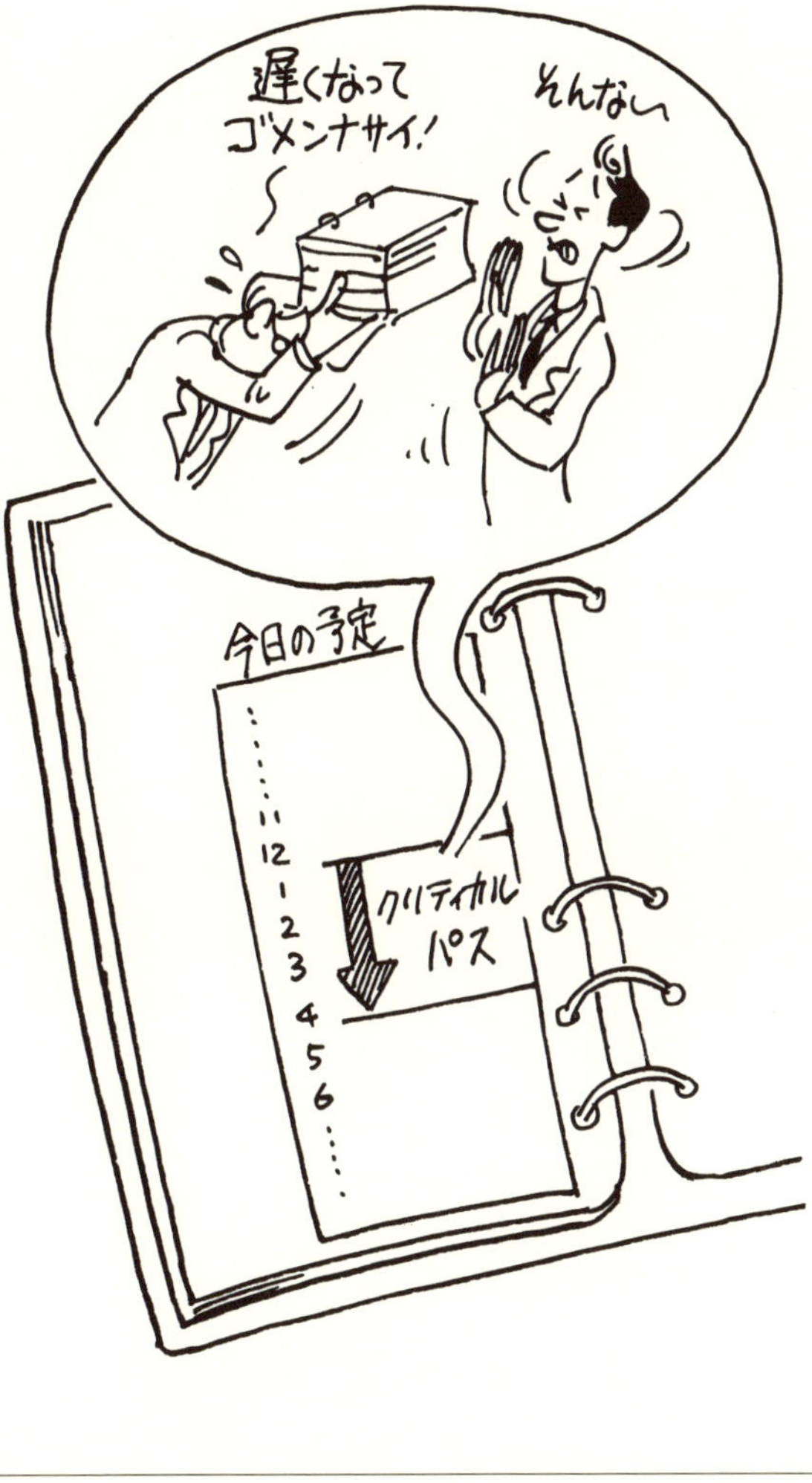
遅くなって
ゴメンナサイ！
そんなぁ
今日の予定
11
12
1
2
3
4
5
6
クリティカル
パス

タスクに優先順位をつける

プロジェクトでは、予算削減や完了期日の変更など、さまざまな変更が日常的に発生する。こうした変更に臨機応変に対応するために、フランクリン・プランナーの「プロジェクト・タイムテーブル」を活用する。「プロジェクト・タイムテーブル」には、課題・タスクごとにＡＢＣ分析欄があり、タスクの優先順位をつけることができる。

ＡＢＣ分析を行って優先順位をつける目的は二つある。一つはプロジェクトを成功させるために重要度の高いタスクの明確化だ。もう一つは、プロジェクトの成功にとって重要度の低いタスクにも優先順位をつけること。これによって、プロジェクトの成功のために、どのタスクが必要であるかを考えると同時に、何が不必要であるかも考えることができる。

例えば、プロジェクトの予算が削減された場合、優先順位の低いタスクから削っていけばよい。また、プロジェクト期間が短縮された場合には、優先順位の低いタスクは一時的に棚上げすればよい。

プロジェクトの変更だけでなく、まだ業務に慣れていない新入社員などのＯＪＴでも、「プロジェクト・タイムテーブル」によるタスクの優先順位付けは非常に有効だ。タイムテーブルを使って、自分がやらなくてもよいことをはっきりさせていき、それをどのようにして見極めればよいかを自覚させていくプロセスは、業務における生産性向上のためのノウハウとして修得する意味が大きい。

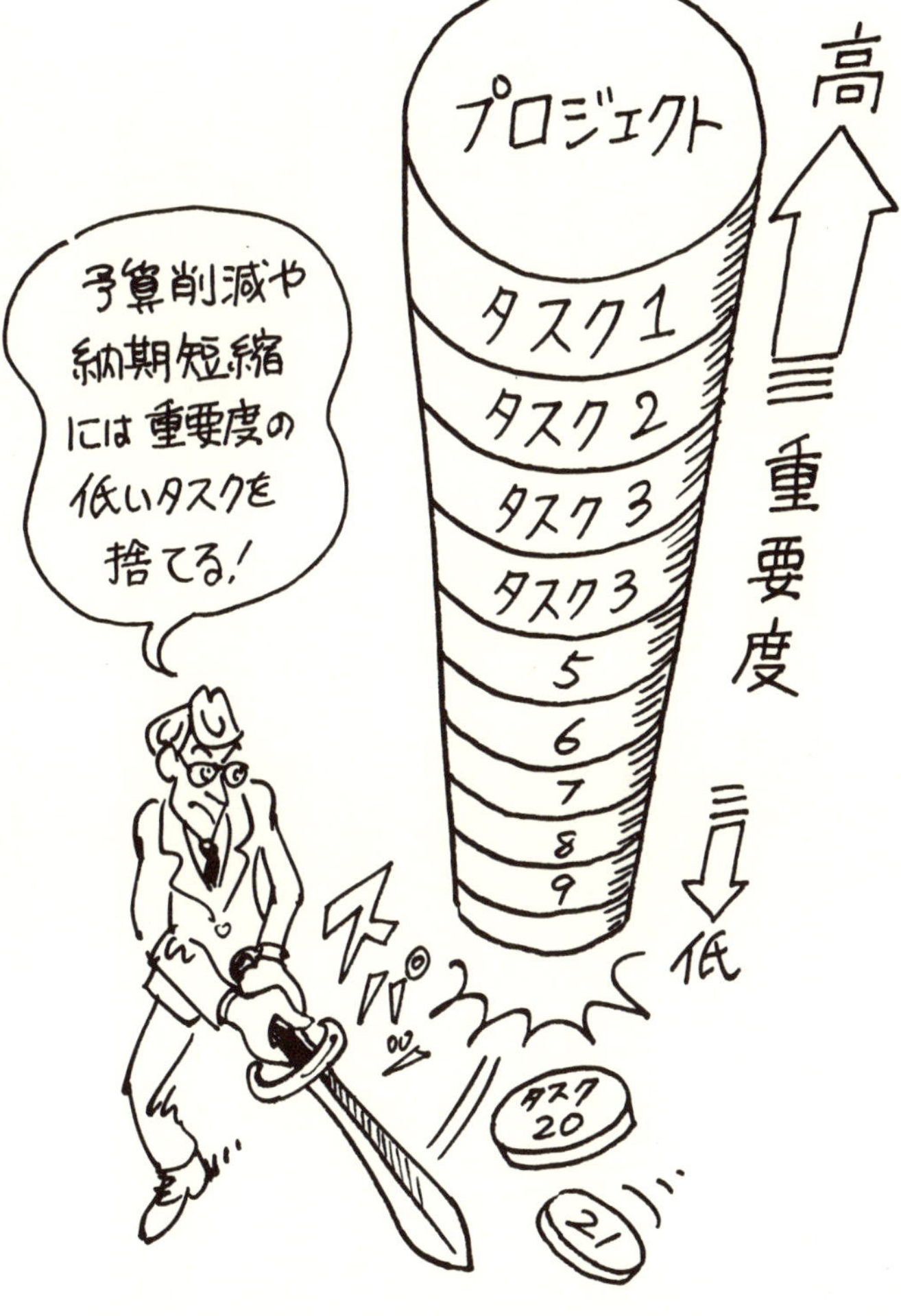
予算削減や納期短縮には重要度の低いタスクを捨てる!
プロジェクト
タスク1
タスク2
タスク3
タスク3
5
6
7
8
9
高
重要度
低
スパッ
タスク20
21

プロジェクトを失敗させないために

プロジェクトは生き物のように変化していく。プロジェクトのスタートの段階で、明確に確認したつもりであったプロジェクトの目的が曖昧になってしまうことも多い。プロジェクトが失敗する最大の原因は、目的が明確でなかったり、メンバー全員に共有されていなかったりすることが多い。

そこで、プロジェクトを失敗させないためには、プロジェクトに関わる全員でプロジェクトの目的を共有することが決定的に重要となる。プロジェクトがどこに向かうのかという目的を明確にして、初めてプロジェクトの進行計画を立てることができるからだ。

また、プロジェクトが失敗する原因として、主要な利害関係者の対立という場合もある。プロジェクトでは複数の利害関係者が存在し、ある人は利益確保を最大目標に、また別の人は顧客との関係を第一義的に考えるなど、意見が異なることもしばしばある。こうした場合には、発見・計画・実行という「生産性のピラミッド」に沿った形で本当の期待を発見し、組織のミッションや価値観に再度立ち返り、計画として具体化し、さらに実行に移していくことが必要となる。

さらに、真の利害関係者がわからずに失敗するケースもある。最近のビジネスは取引先や顧客まで複雑に関連しているため、主要な利害関係者が曖昧なまま、誰も本当のニーズをつかまずに、プロジェクトが進んでしまうような場合だ。

こうしたプロジェクトを成功させるには、真の主要な利害関係者は誰なのかを発見することが重要となる。そのためには、まず、利害関係者だと思う人に会って、プロジェクトに対する期待やニーズについて、深く掘り下げるための質問を納得できるまで行う。もし相手が本当に主要な利害関係者でなく、別に主要な利害関係者が存在する場合には、その質問によってそれが明らかになっていくのである。真の利害関係者を明らかにし、本当のニーズを把握することで、プロジェクトのゴールを明確にすることができる。

エンパワーメントする

プロジェクトを推進する際には、最初に、あなたがプロジェクトを管理する側であるのか、それとも管理される側であるのかを明確に認識した上で関わっていかなければならない。プロジェクトを管理する側であれば、プロジェクトに対する決定権もあり、最初からプロジェクトの成功は極めて主体的な問題となる。

一方、あなたがプロジェクト参加者である場合は、ともすれば上司の意見に左右される受動的な形でのプロジェクトへのコミットメントになりがちだが、そうした考え方は間違っている。プロジェクト成功のためには、管理される側であっても、常に主体的に取り組んでいくことが重要だ。

例えば、新入社員で経験がなくても、自分の経験に基づいて自分なりの考えを明確に述べていくことが大切だ。まして、経験を積んだ社員であれば、自分がプロジェクトの決定権者でなくとも、自分の考えやプランを積極的に提案して上司やプロジェクトの決定権者を説得しなければならない。こうした目的意識に貫かれた主体的なプロジェクトへの関わりによって、プロジェクトの成功率は高くなる。

このように、あなたがプロジェクトのなかでどのような役割を担っているにせよ、常に主体的に課題を見つけ出し、コミットメントしていく立場から積極的な提案を行い、実行に移していくことによって、あなた自身がいつのまにか上司の仕事を担うようになる。そのことによって、上司はさらに高度な仕事を行うことができるようになり、あなた自身と組織全体がエンパワーメントされるのである。

貴重な時間は1分でも無駄にしない

起業家の生田知久氏は、企業や学生を対象としてさまざまなプロジェクトやビジネスを展開し、多忙な毎日を送っている。通常では処理しきれないようなタスクを、フランクリン・プランナーの使い方に独自の工夫を加えることで、見事に達成している。貴重な時間を無駄にしないアイデアを氏に語ってもらおう。

タスクを分類して「今できること」と「今できないこと」を分ける

毎日の細かい時間をどう有効利用するかによって、長期的に見ると人生の時間が全く違ってくる。たった5分でも1日に12回5分を有効利用すれば1時間分の時間が余計に使える。1日に1時間増えると1週間で7時間、2週間で14時間。1日24時間中、活動できる時間（睡眠、食事、風呂などを除いた時間）を14時間とすると2週間で1日、3カ月で1週間（7日間）、1年で1カ月（30日）、15年で1年分の時間が余計に増えることになる。

これをわかりやすくイメージすると、毎年1カ月の連続長期休暇を取れるということだ。また15年後には1年間まるまるバカンスを楽しめる。それだけ、小さな時間を大切に使うことが重要になってくる。その小さな時間の間に「何をやるか？」を考えたり探すのに1分も2分もかかっていては、小さな時間が有効利用できない。そのためタスクをあらかじめ分類しておくことによって、小さな時間があったときは「今できること」を瞬時に判断できるようになる。

フランクリン・プランナーのタスクの進捗覧の右下に次のマークを使い、タスクを分類することで、小さな時間を有効活用できる。例えば、次のようなマークを記入するだけで、それが可能となる。

m：Mail、Eメール、／t：Telephone、電話／p：Personal computer、パソコンを使った作業

o：Office、オフィスで行う作業、h：Home、自宅で行う作業／b：Buy、買い物

タスクが分類されていれば、外にいる時には「自宅作業」や「パソコン作業」、「Eメール」の作業などは忘れてよい。つまり、今できる「買い物」や「電話連絡」などのタスクだけを意識すればよくなる。

「いつ始めるか」を決めることが重要

タスクをこなす上で最も重要なのは、タスクを「いつ始めるか」という点だ。通常のタスク欄では「今日中にやるタスク」としかわからないため、「今日中にやればいいや」と先送りの口実になり、結局夜になって、「ああ、終わらなかった。明日やろう」とどんどん延びてしまう。

こうした状態を避けるには、タスクは「今日のいつ、何時から何時にやる」ということを明記すること

が重要となる。そうすると、開始時間を意識するのでタスクがよりこなしやすくなる。
その記述方法は簡単で、「今日の優先事項」の欄の右隅に、いつ行うかのマークをつけるだけである。
私は次のようなマークを使っている。

M：morning、朝出かける前にこなすタスク／N：night、夜こなすタスク／①②など
今日の予定欄の空き時間、またはタスクをこなすために取った時間に、①、②のように番号を振る。
例えば今日の13時から14時が営業と営業の間で1時間空いてる場合、そこを①とする。そして、仕事が18時に終わって次のプライベートの予定の20時まで時間が空いていればそこを②とする。このようなマークをタスクの右隅と今日の予定の欄に記入する。このように記述することによってタスクを処理する時間を指定する。

最優先事項Aをこなす方法
優先事項Aのタスクがいっぱいあるのに終わらない場合、「タスクAを処理するのに時間がどれだけかかるか？」を計算していない場合が多い。タスクAは優先度、重要度が高いタスクなので、一般に時間もかかるタスクが多い。例えば、全てこなすのに4時間もかかるのに1日にそのタスク処理のために取っている時間が2時間しかなければ当然終わるはずもない。そこでタスクAだけでよいので、すべての時間を

見積もって、いったい何時間あれば終わるかをあらかじめ計算し、そのタスクAをこなす時間を1日の間の予定に入れてしまうことが大切である。

私はタスクABC欄にA、B、Cを入れたときにアルファベットの右下に優先度の数字を1から順に入れ、アルファベットの右上にそのタスクをこなすためにかかる時間を分単位で書き込んでいる。

例えば、A_{3}^{15} と記述したら、「優先事項はAの3番目であり、こなすのに15分かかる」ということを表している。このようにすべてのタスクAに時間を振り、その総時間を計算する。それを今日の予定欄に書き込む。

このようにAにかかる時間を算出し、それにかかる時間を予定として記入することで確実にAをこなすための時間を取ることができる。

習慣を管理する

一週間コンパスを用いてその週の目標やその週にこなす習慣を決めたならば、それをきちんとこなせたかどうかを毎日チェックしていく。こなせたら目標の右隅にその日の曜日を記入していく。こうすると一週間のうちに何日その目標を達成できていて、何曜日にその目標が達成ができ、また何曜日にその目標が達成できなかったかが明確になっていく。これによって習慣を管理し、さらに本当の習慣になるまで、つまり月曜から日曜まで、すべての曜日を目標欄に記入できるまで続けていくことができる。

第6章 デジタル・フランクリン・プランナーを使う

紙での機能をそのままにデジタル化した「デジタル・フランクリン・プランナー」

今まで説明してきたフランクリン・プランナーは、あくまでも紙上で行うタイム・マネジメント・システムだ。一覧性と携帯性、操作性は優れているが、データの検索性、更新性の面ではパソコンやPDAにその優位さを譲る。現代はスピードの時代だけに、積極的に活動すればするほど、スケジュールは錯綜し、行うべき作業項目や情報も増大する。ただ、せっかく蓄積した情報を検索・利用できなければ、その情報は無いに等しいだけでなく、情報収集のエネルギーが無駄になる。

また、現在のビジネスマンは、パソコンとインターネットなしでは仕事を処理できないといっても過言ではない。報告書やメールによる連絡事項など、1日に膨大な量をこなしているなかでは、手帳による情報管理はどうしても限界がある。

情報活用という視点から見ると、タイム・マネジメントにパソコンを利用しない手はない。しかもビジネスにおいては、デスクワーク＝パソコンワークという現状にあるからなおさらだ。できればパソコンとインターネット、そして紙のフランクリン・プランナーを連携できれば、鬼に金棒の第4世代タイム・マネジメント・システムが誕生する。それを可能にしたのが、デジタル・フランクリン・

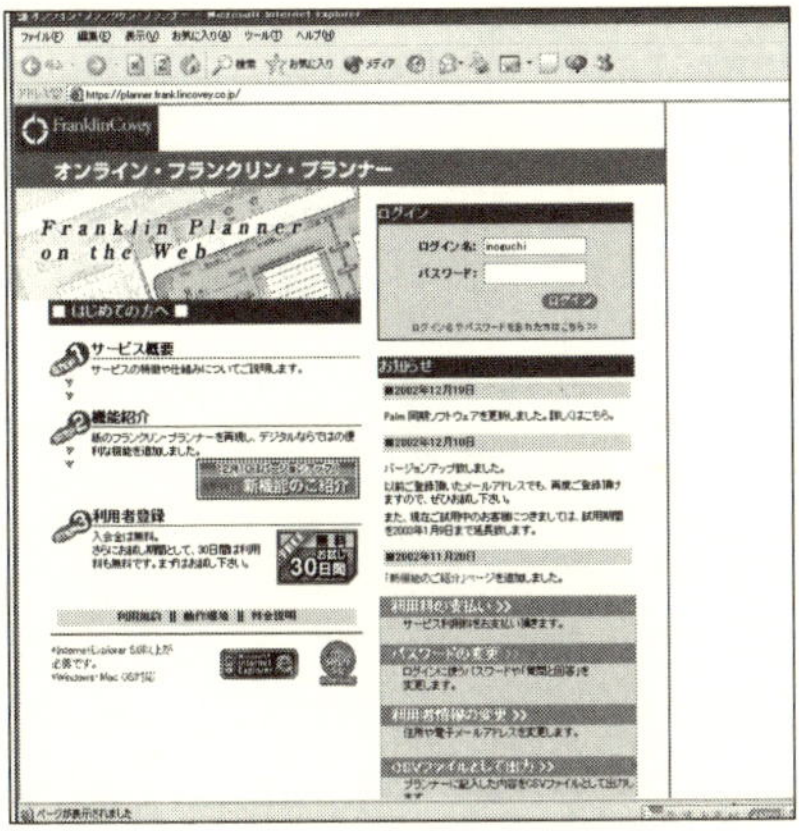

プランナーだ。

それはASP（Application Service Provider：パソコンのWebブラウザとインターネットに接続できる環境があれば使える）で提供する「オンライン・フランクリン・プランナー」とPDA版の「フランクリン・プランナーPDA版」から構成される。連携してもいいし、それぞれ単独で使うこともできる。

オンライン・フランクリン・プランナーは、紙ベースのフランクリン・プランナーをWeb上で再現したもので、紙での機能をそのままにデジタルならではの機能を追加。一層強力なプランニング・ツールとなっている。また、PDA版は紙ベースのフランクリン・プランナーの機能をそのままに携帯できるようにしたものだ。デジタル・フランクリン・プランナーは、ビジネスでの生産性を高めるだけでなく、「最も大切なこと」を実現する強力なツールと言える。

インターネット接続環境があれば実現できる「オンライン・フランクリン・プランナー」

ＡＳＰのオンライン・フランクリン・プランナーは、手帳を広げそこに書き込むかのごとく使うことができる。課題や予定など、オンライン・フランクリン・プランナーに書き込んだ情報は、すべてＷｅｂ上のサーバーに保管される。そのため、Ｗｅｂに接続できる環境なら、自宅や会社、外出先など、どこからでも同じ情報にアクセスできる。

例えば、朝、出勤前に自宅のパソコンでオンライン・フランクリン・プランナーを開き、一日の計画を立てる。プランナーに書き込んだ情報は、すべてＷｅｂ上のサーバーに保存されるため、会社に着いて、机上のパソコンでＷｅｂにアクセスすると、自宅で書き込んだ計画がそのまま表示される。だから出張先からでも、インターネットに接続できればプランナーを使うことができる。

アクセスに必要なソフトはＷｅｂブラウザだけ。マイクロソフト社のInternetExplorer 5.0以上があれば動作する（Windows版・MacOS版に対応）。専用ソフトウェアをインストールする必要はないため、幅広い環境で手軽に利用できる。

また、オンライン・フランクリン・プランナーは、利用者の個人情報を保護するため、万全のセキ

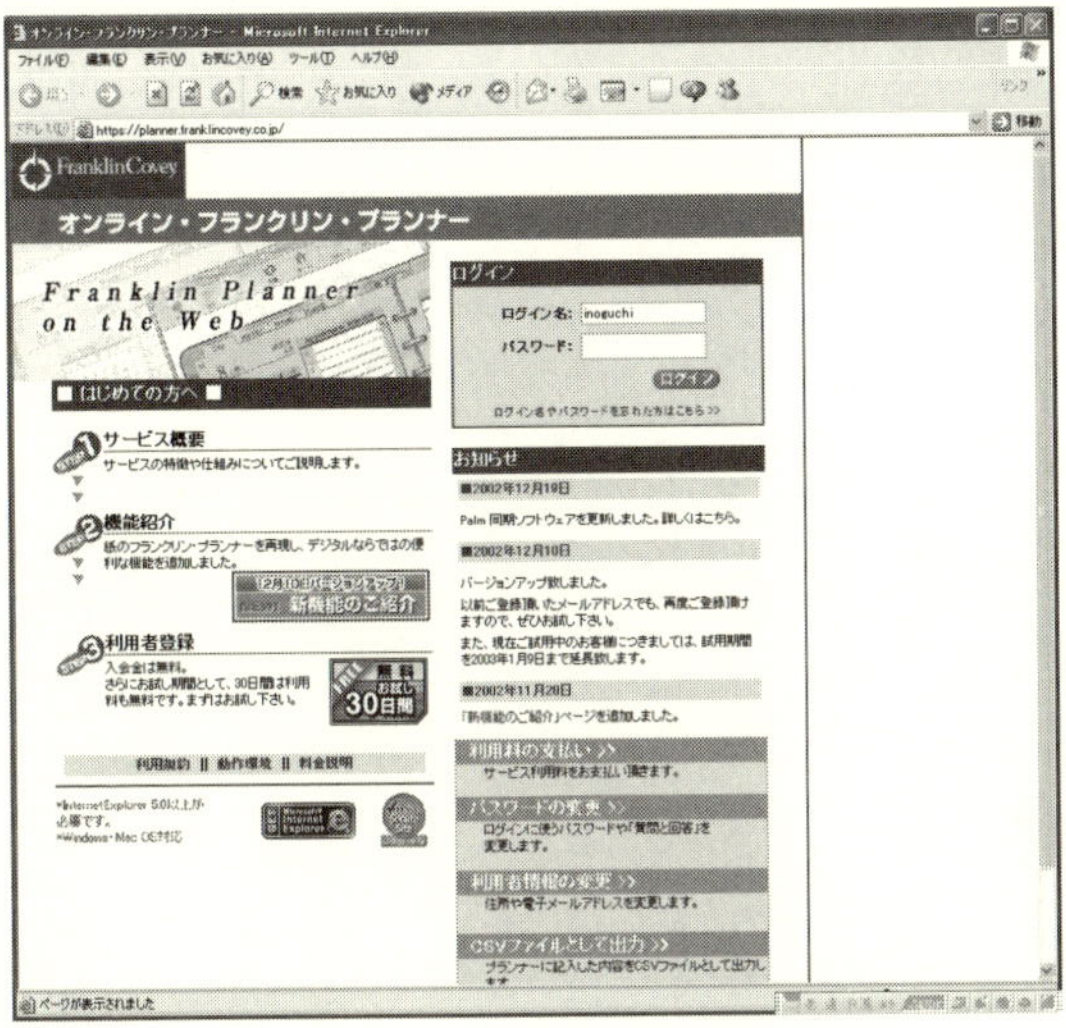

ユリティ体制を構築している。通信回線は、SSL技術(*)によって盗聴や改竄から保護される。また、オンライン・フランクリン・プランナーが置かれるサーバーは、24時間厳重に管理されたデータ・センター内に設置されており、安心して利用できる。

利用に際してはWeb上での登録が必要で、サービス利用料は1年間4000円、入会料は無料となっている。詳細はオンライン・フランクリン・プランナーのWeb（https://planner.franklincovey.co.jp/）にアクセスして確認して欲しい。

＊SSL技術
SSL（Secure Socket Layer）技術とは、ブラウザとサーバーの間の通信内容を暗号化する技術。第三者による暗号の解読は現実的に不可能で、盗聴や改竄を確実に防ぐことができる。

オンライン・フランクリン・プランナーで情報を検索・分析して生産性を上げる

オンライン・フランクリン・プランナーの使い方は、既に紙のフランクリン・プランナーを使っている方であれば、ほとんど迷うことはないはずだ。万一、わからない場合でもWeb上のガイドを参照すればすぐに理解できるだろう。

またフランクリン・プランナーを使ったことがない方は、他のシステム手帳と異なる点があるので、多少とまどうかも知れない。そんなときにはやはりWeb上のガイドを参照して欲しい。直感的に理解できるはずだ。さらに深い部分まで理解したいと思う場合には、機能は基本的に紙ベースのフランクリン・プランナーと同じなので、本書の第2章～第4章を参照していただきたい。

ここでは操作法の説明は省略して、デジタルならではのオンライン・フランクリン・プランナーの特長を紹介することにしたい。

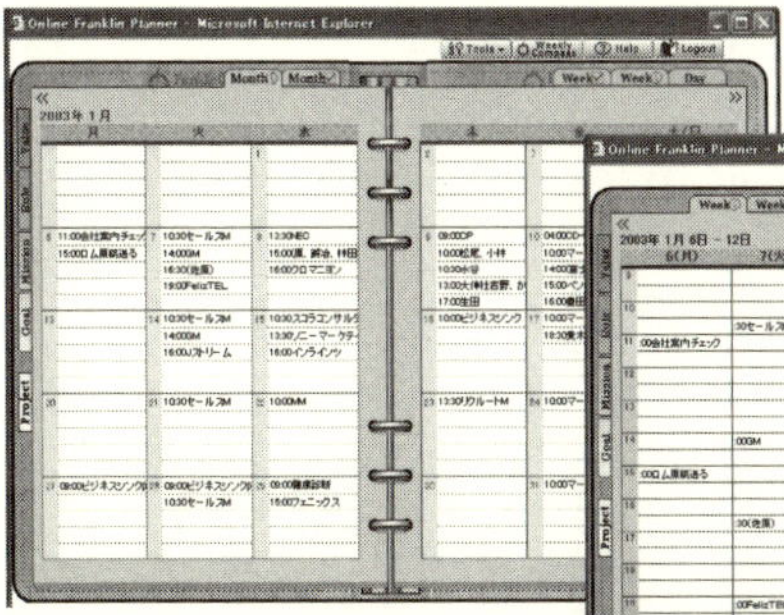

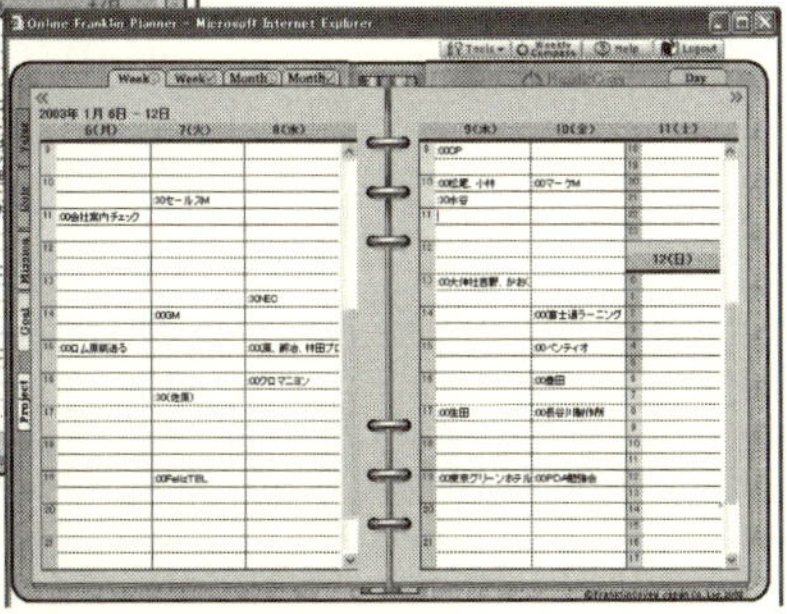

ウィークリーページに記入しても
マンスリーページに反映される

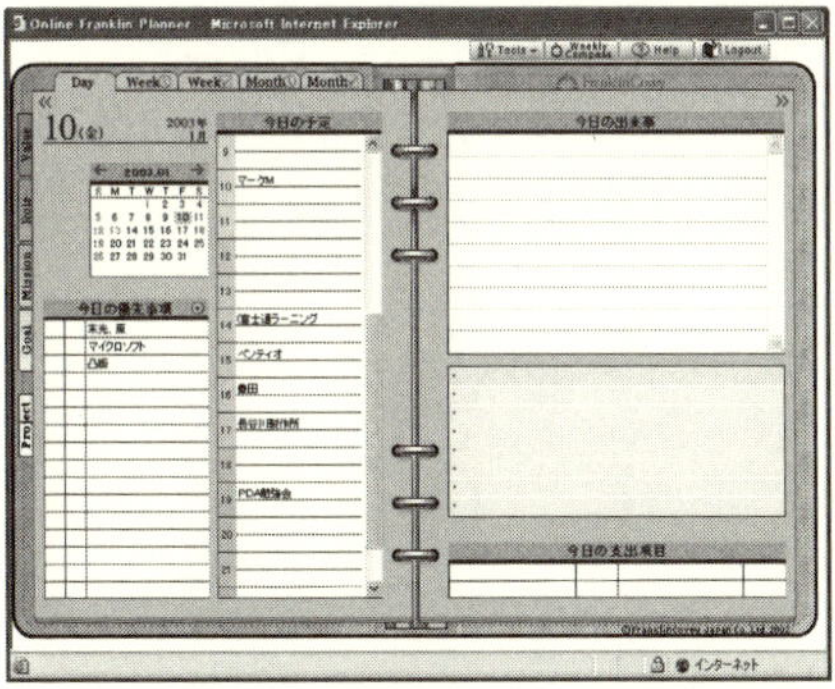

デイリーページに直接記入したり、優先順位もすぐ
につけることができる

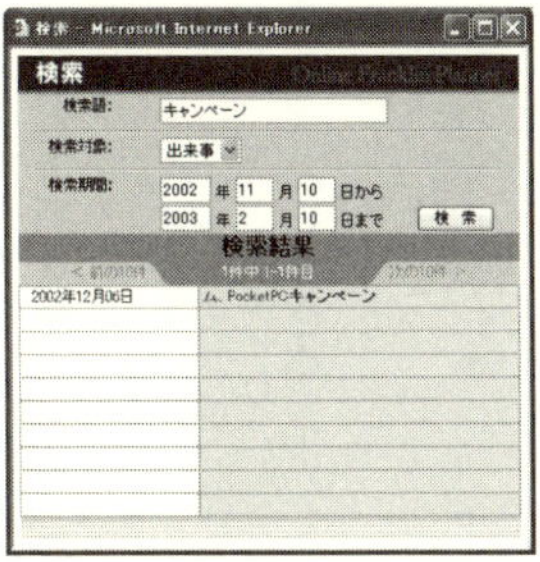

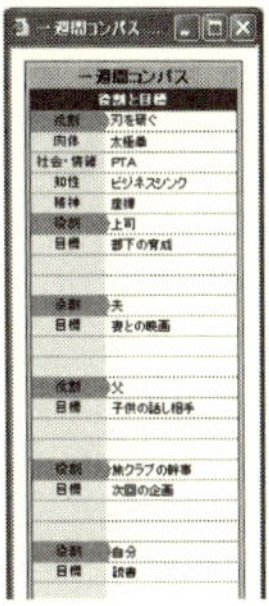

先送り事項などもすぐに検索できる（左）。もちろん、
一週間コンパスも用意されている

PDA版「フランクリン・プランナー」を活用する

PDA版（Palm版とMicrosft Pocket PC版）フランクリン・プランナーは、PDAでも使うことができるよう作られたアプリケーションだ。その機能は、基本的にWebのオンライン・フランクリン・プランナーと変わらない。ただ異なる点は、PDAの画面が小さいことからくる、ユーザービューの違いだ。画面が小さい分携帯性に優れているので、どこでもいつでもデジタルの良さを活かしたフランクリン・プランナーを使うことができる。

このPDA版フランクリン・プランナーの良さは、何といっても作業の軽快な点にある。タスクやスケジュールのページ読み取り、日、週、月の情報のリンクなど、紙とは比較できない。また、オンライン・フランクリン・プランナーと同様に、検索やタスク表示機能が豊富なので、タスクの未実行などを未然に防ぐことができる点だ。

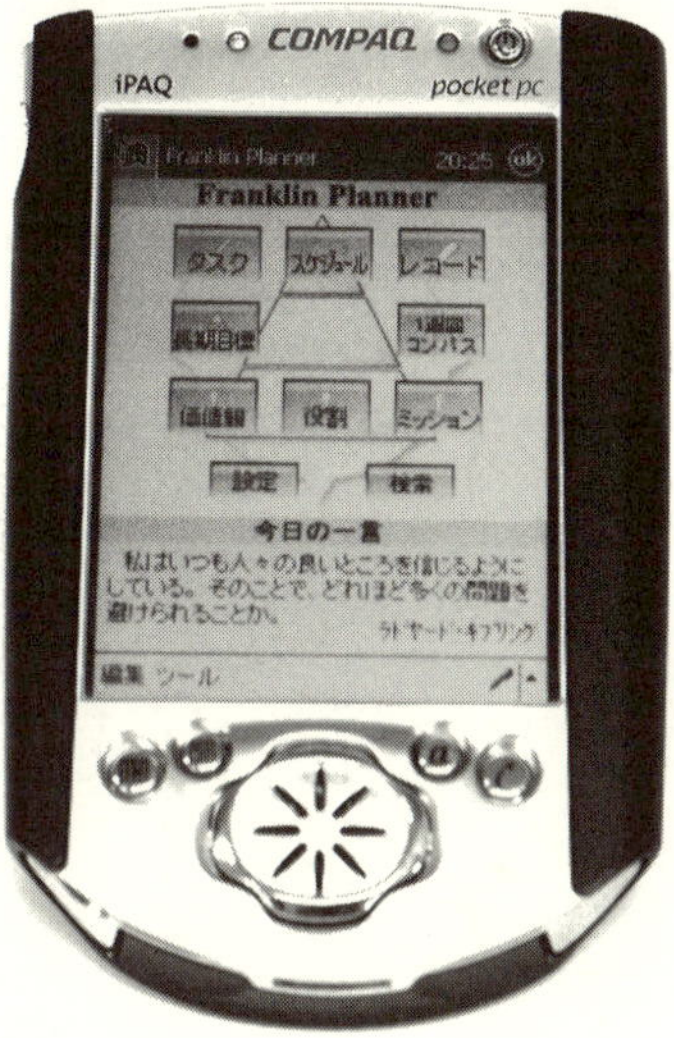

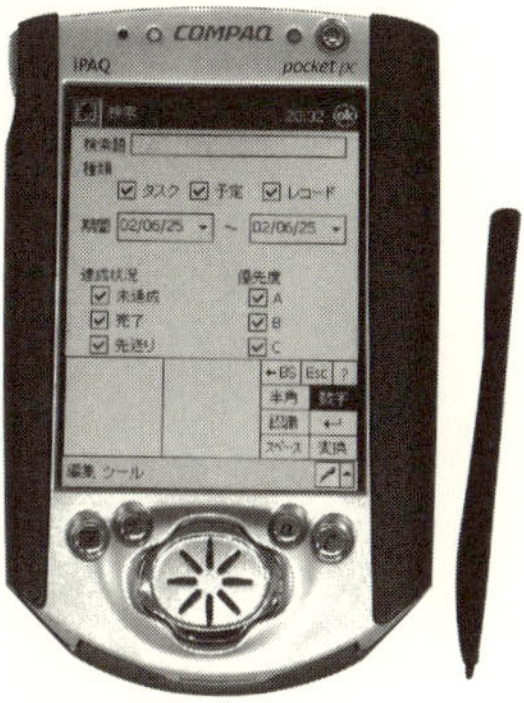

PDA版フランクリン・プランナーのメニュー画面（上）には毎日「今日の一言」が
表示され、どの作業を行うか選択できる
月間カレンダー（下左）とタスク検索画面例（下右）

プロジェクトとデイリータスクの連携

デジタル・フランクリン・プランナー（Webのオンライン・フランクリン・プランナーおよびPDA版）を使うと、一度入力したデータは必要な項目に自動転記される。だから紙のようにいちいち転記する必要がないから大変便利だ。

例えば、プロジェクト管理。「プロジェクト・プランナー」に、プロジェクトの定義、望む結果、資源を明確にして、タスクを書き込むことでプロジェクトの進捗を管理することができる。もちろん、記入したタスクは、「デイリーページ」の「今日の優先事項」に反映されるので、転記する必要はない。

また、長期目標からタスクへのリンクを自動的に行ってくれる。長期目標を入力して、中間目標を設定から、毎日のタスクまで自動的にリンクしているので、計画も立てやすい。もちろん変更すれば自動的に反映される。また、「今日の優先事項」で作業を先送りした場合、先送りする日付をカレンダーから選択すれば自動的に転記される。

もちろん、検索も容易だ。紙にはない使い勝手の良さを満喫できる。

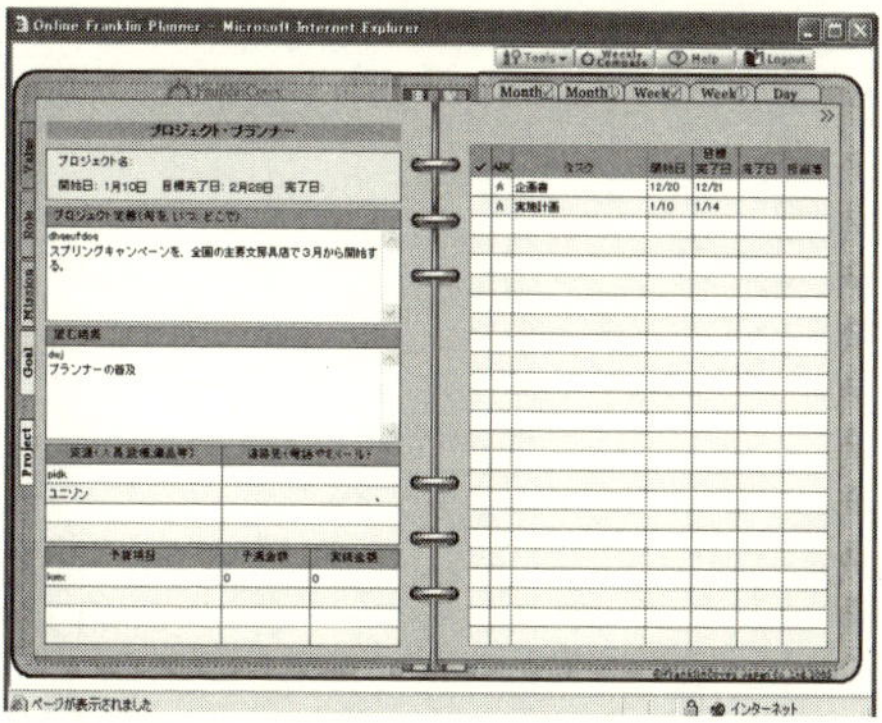

プロジェクト管理も容易だ。プロジェクトの定義から、望む結果、資源を一覧でき、日付を記入したタスクはデイリーページに反映される

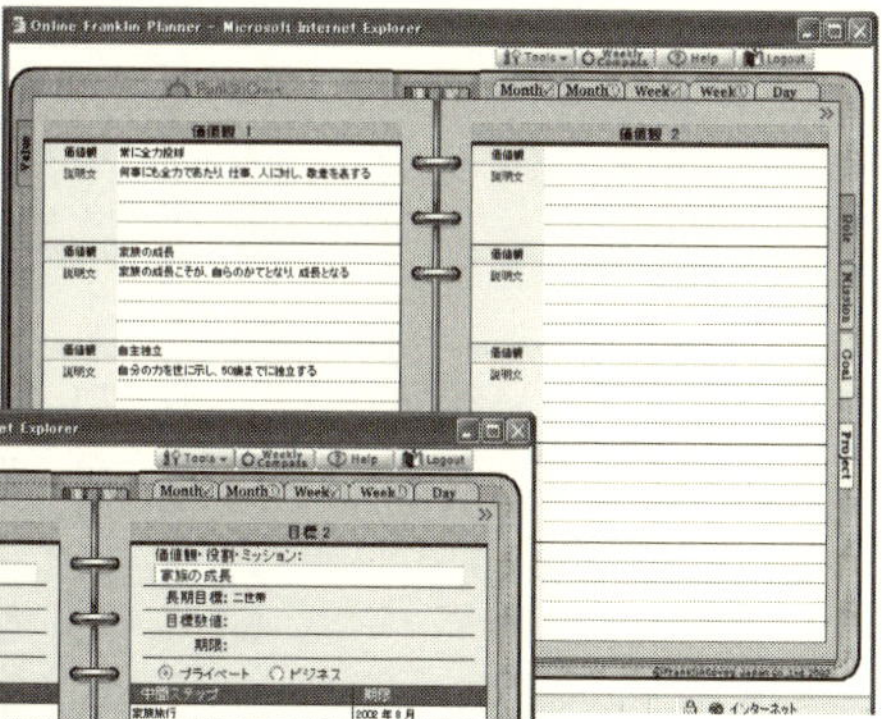

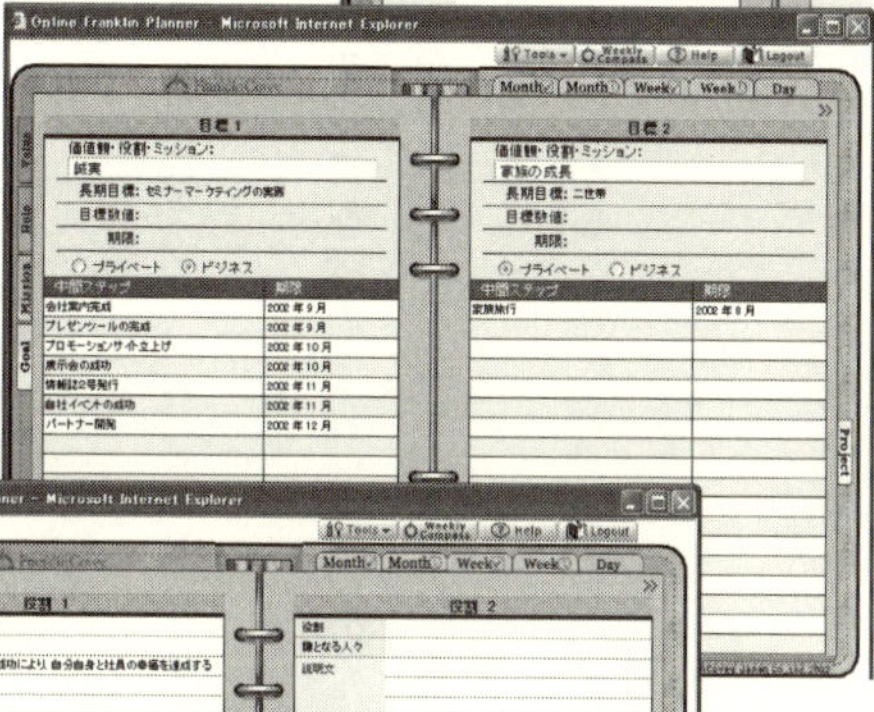

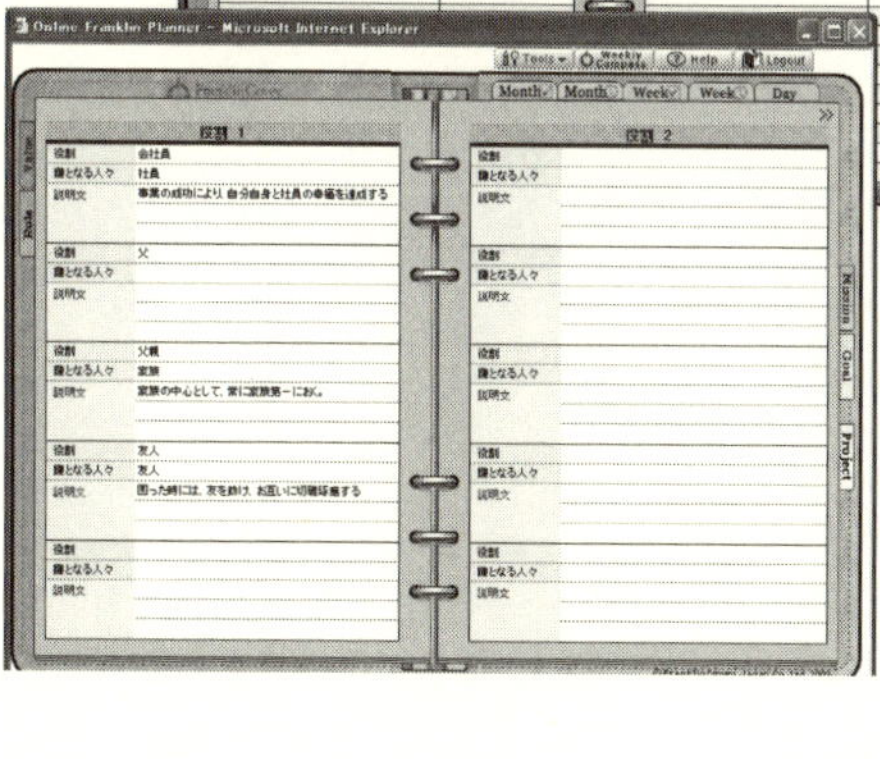

Valueは長期目標に反映され、設定した中間目標はデイリーやウィークリーのタスクに反映されるので、転記が不要となる

メディアを選んで使う

第４世代タイム・マネジメントであるフランクリン・プランナーは、紙メディアから電子メディアをもカバーしている。だから、あるときは紙で、またある時はパソコンやＰＤＡを使い分けることもできる。どうしてもパソコンは苦手という人は紙を使えばいいし、既にＰＤＡを使っているという人はＰＤＡ版を使えばいい。要は、自分の使いやすいメディアを利用すればいいのだ。

なお、オンライン・フランクリン・プランナーに書き込んだ内容は、ＣＳＶ形式で出力することができるので、パソコン上で報告書やレポートなどに活用できる。

それぞれにデバイスの特性を考えて、長期間継続して使えるものを選んで使えばいい。

パソコン
PDA
手帳

【長期目標】

【中間ステップ】

【長期目標】

【中間ステップ】

【長期目標】

【中間ステップ】

※付録　演習：「最も大切なこと」を発見するためのヒントは、P.315から始まります。

【長期目標】

【中間ステップ】

【長期目標】

【中間ステップ】

【長期目標】

【中間ステップ】

【長期目標】

【中間ステップ】

【長期目標】

【中間ステップ】

【長期目標】

【中間ステップ】

中間ステップを設定する

長期目標が設定できたら、それを実現する中間ステップを設定する。ここは具体的な期限を決めて具体的な行動を決めていく。例を参照にしながらやはりSMARTに設定してみて欲しい。

【長期目標の例】

1年以内に新規事業を提案する

【中間ステップの例】

6月　これまで考えてきたプランをいくつかまとめる。
8月　市場データ、予測データをまとめる。
10月　プランの絞り込みを行う。
11月　コンサルタントに相談する。
12月　パートナーに相談する。
12月　プランを決定し、事業プランの作成にとりかかる。
1月　大枠のビジネスプランをまとめる。
1月　第1回目のプレゼンテーションを事業部長に行う。

【長期目標の例】

6カ月後に家族でイベントを行う。

【中間ステップの例】

8月　第1回の家族会議を行う。
9月　家族の意見をまとめる。
10月　家族会議で決定する。
11月　申し込む／日時を決定する。
1月　実行する。

【最も大切なこと】

【長期目標】

【最も大切なこと】

【長期目標】

【最も大切なこと】

【長期目標】

【最も大切なこと】

【長期目標】

【最も大切なこと】

【長期目標】

【最も大切なこと】

【長期目標】

【最も大切なこと】

【長期目標】

【最も大切なこと】

【長期目標】

長期目標を設定する

「最も大切なこと」に説明文をつけたら、今度は長期目標を設定する。次の例を参考にして、自分なりの長期目標を設定して欲しい。「SMART」(188ページ)を常に意識することが必要だ。

【最も大切なことの例】

挑戦(価値観)

【長期目標例】

・5年後に自分の会社を設立し、独自のビジネスモデルを構築する。

・1年以内に、現在の会社で、新規事業を提案する。

・3年以内にフルマラソンに挑戦する。

・1年後に1000メートルを泳ぎきる。

【最も大切なことの例】

家族の幸せ(価値観)

【長期目標例】

・1年後に家族全員で、海外旅行を計画し、実行する。

・6カ月後に家族全員でイベントを行う。

【最も大切なことの例】

奉仕 (価値観)

【長期目標例】

・1年以内に地域社会でボランティア活動を立ち上げる。

・6カ月後に地域の子供達を集めて、パソコンを教える。

【役割】

【対象者】

【説明文】

【役割】

【対象者】

【説明文】

【役割】

【対象者】

【説明文】

【役割】

【対象者】

【説明文】

【役割】

【対象者】

【説明文】

【役割】

【対象者】

【説明文】

●役割に説明文をつける

【役割：対象者：説明文の例】

・【役割】父親：【対象者】家族

【説明文】家族が路頭に迷わないように、経済的な保障を行い、幸福な家庭のために常に家族を最優先に考える。

・【役割】妻：【対象者】夫

【説明文】夫と力を合わせ、家族全員が心の底から安らげる家庭を作る。

・【役割】上司：【対象者】部下

【説明文】自分のグループ全員が、最大の能力を発揮するように、全力でサポートする。

・【役割】部下：【対象者】上司

【説明文】自分の仕事によって業績に貢献できるよう、主体的に働く。

・【役割】友人：【対象者】友人

【説明文】お互いが困ったときに、助け合えるような友人関係を築き、協力しあう。

・【役割】地域の一員：【対象者】住民

【説明文】地域住民のために、1カ月に一度以上、ボランティアを行う。

【役割】--

【対象者】--

【説明文】--

【価値観】

【説明文】

【価値観】

【説明文】

【価値観】

【説明文】

・**夫（妻）としての努めを十分果たすこと**：妻（夫）の精神的な支えとなり、日々充実した生活を送れるようにする。

・**家族を愛し家族に感謝すること**：家族と過ごす時間を十分取り、共通の体験を通じて、家族の絆を強くする。

・**父親（母親）としての努めを十分果たすこと**：子供の支配者になるのではなく、成長のために十分なサポートを行う支援者になる。

・**社会貢献**：仕事を通じて社会に貢献する。

・**自分の能力を活かす**：人前で話す能力を活かせる接客業で充実した時を過ごしたい。

・**両親を大切にする**：私が今日あるのも両親のおかげ。今度はその恩返しとして、安寧な暮らしができるようサポートしたい。

・**妻（夫）を大切にする**：仕事に熱中できるのも妻がいるおかげ。妻（夫）が困ったときには全力で支援したい。

・**子供を大切にする**：子供とのコミュニケーションを密にするため、できるだけ時間を作って一緒に過ごす。

【価値観】

【説明文】

【価値観】

【説明文】

「最も大切なこと」に説明文をつける

価値観や役割に対して説明文をつける。これによって、「最も大切なこと」がより具体的なイメージとして認識できる。例にならって、自分なりに説明文を付けてみて欲しい。また、ミッションについては既に説明文がついていると思うが、ここの説明文を参照してブラッシュアップを行って欲しい。

●「価値観」に説明文をつける

価値観から「最も大切なこと」を考えると、「誠実」や「謙虚」などといった例のようなキーワードが抽出できることが多い。そこで、それぞれについて説明文をつける。例題を参考にしながら、自分なりに説明文をつけてみて欲しい。

【価値観：説明文の例】

- **誠実**：自分を飾らず弱点も含めてさらけ出して本当の姿を見てもらう。その上で全力を出しきって物事に当たる。
- **謙虚**：謙虚に人の意見に耳を傾けることが自分の成長につながる。
- **健康**：健康こそがあらゆる成功の基本。常に食生活や運動に気を配り、気力を充実させて生きる。
- **経済的な成功**：経済的な問題から解放されること。家族が健康に生活でき、気兼ねなく暮らすには経済的基盤がしっかりしていることが基本。
- **尊敬される人間**：見栄を張らずに人に親切な態度で接することで周りから尊敬される人間になる。

・職場の同僚の弔辞の例

【例】皆を率いたリーダーを喪い、明日から路頭に迷いかねません。

・地域社会の知人の弔辞例

【例】誰からも愛されたあなたですから、天国でも楽しく過ごされることでしょう。

・家族からの弔辞の例

【例】子供たちの良き手本となり家族を正しい方向へ導いてくれました。

・職場の部下（上司）からの弔辞の例

【例】先輩がいらしたからこそ横道にそれずに歩んでこられました。

・あなたの人生のなかで大きな影響を受けた人はどんな点が最も優れていましたか？

【例】どんな人とも分け隔てなく付き合おうとした点。

・あなたの得意なものは何でしたか？また今後どう活かしますか？

【例】皆の前でしゃべること。⇒「話す」ことに充実感を感じ、リーダーシップをとることに誇りを感じる。

● 弔辞を考える

弔辞を考えることもミッションを明らかにする方法となる。弔辞は生前の人となりを表した内容が多いので、どんなことを言って欲しいのかによって、理想とする生き方やあるべき姿がわかるわけだ。では、次の場合の弔辞を参考にして、なぜそうした弔辞になったのか理由を考えてみて欲しい。

・私生活での友人の弔辞の例

【例】誠実で信頼できる友に先立たれ、大きな喪失感を味わっています。

・私生活で最も価値があると考える活動は何ですか?

【例】地球環境にやさしいリサイクル活動を行う。

・今後の人生でやりたいことは何ですか?

【例】釣りに打ち込み、名人になる。

・今、十分な時間があれば誰と何をしたいですか?

【例】妻と一緒に全大陸を旅行する。

・これからの人生で一番実現したいことは何ですか?

【例】事業を成功させる。

・あなたの理想とする人生はどのようなことを成し遂げた人ですか?

【例】周りの人に常に元気を与え続けた父のようになる。

ミッションから考える

●ミッションを考える質問

ミッションとは個人の憲法であり、人生の目的と言うこともできる。自分のミッションによって、これからの人生の充実度は大きく変わっていくはずだ。自分を奮い立たせてくれるようなミッションをつくり、ぜひチャレンジして欲しい。

・あなたの人生のなかで、充実感の高かった成功体験は何でしたか？
【例】全国スピーチ大会で優勝したこと⇒自分を素直にアピールすることに長けていた。

・今後仕事面で実現したいことは何ですか？
【例】独立してレストランを開く。

・プライベートで、すばらしい結果をもたらすと思われることは何ですか？
【例】子供と野球チームを作り、親子の対話を欠かさない。

・毎日の生活で気を付けていることは何ですか？
【例】元気に挨拶をし、周りの人を気持ちよくさせる。

●立場を変えて考える

また、立場を変えて考えてみることも「最も大切なこと」を発見する方法だ。夫であれば妻、父であれば子供、上司であれば部下の立場に自分を置いて、理想的な妻や父のあるべき姿、望ましいと思う上司の条件を挙げてみることである。

また、立場を変えることによって、相手が何を望んでいるのか、反対に何が気にくわないのかも見えてくるので、望まれていることを実行するための条件を考えたり、ダメだと思われているところを改めるためにはどうすればいいのかを考える。

・誰の立場で考えますか?

・その人はあなたに対して何を望んでいますか?　あるいは何がいやだと思っていますか?

・望まれていることは実現するにはどうしたらいいですか?

・反対に嫌われている点を改めるにはどうしたらいいですか?

役割から考える

●役割を考える質問

あなたの果たす役割をリストアップし、その役割のなかで何を実現したいのかを考えて欲しい。

【例】父親、友人、夫、上司(部下)、子供、兄弟、社会の一員、テニスクラブのメンバーなど。

【役割】

【実現したいこと】

【役割】

【実現したいこと】

【役割】

【実現したいこと】

【役割】

【実現したいこと】

【役割】

【実現したいこと】

●20年後の自分に質問する

「最も大切なこと」を発見するには、「現在の自分」と「20年後のすべてにおいて満ち足りている自分」と会話をしてみる方法がある。例えば20年後に経済的に成功し、家族愛も充分など、あらゆる面で満足している自分をできるだけ具体的にイメージする。会社社長で一戸建に住み、充足感あふれているイメージなどを思い浮かべて欲しい。

・あなたがそのような成功をおさめたのはどうしてでしょうか？

【例】地道な努力を続けた。

・そのようになるには何が必要でしたか？

【例】周りの人に恵まれた。

・そのように運にも恵まれるには、あなたが何をしてきたからですか？

【例】誠意をつくして正直でありつづけた。

・あなたがこれまでに最もわくわくしたことはどのようなことでしたか？
【例】自分の子供の成長が実感できたこと。

・あなたが心の底から「リラックス」できる時間はどのような時ですか？
【例】家族だけでゆっくりとした時間を過ごしているとき。

・あなたの理想とする人は、何を最も大事にしているのでしょうか？
【例】友情。

・あなたが出会った人の中で、最も愛する人はだれですか？
【例】妻。

・人生の中で、学ぶことの多かった失敗、挫折体験はなんですか？
【例】大学受験で失敗したこと。⇒地道に努力する必要性を知った。

・仕事とプライベートで共通して言える指針はなんですか？
【例】できるだけ嘘をつかないで事に当たる。

価値観から考える

●価値観を発見する質問

次の質問に答えることで、あなたの価値観を発見しよう。

・10年後にはどのような人になりたいですか?

【例】周りから尊敬される人。

・人と接する上で何が一番大切ですか?

【例】どんなときでも誠実に対応すること。

・失うと生きる気力がなくなるものはなんですか?

【例】家族と一緒に過ごす時間 。

・今後の人生において最も身につけたい才能や能力は何ですか?

【例】周りの人の能力を最大限に引き出せるような教える能力。

・あなたが最も得意だったことはなんですか?

【例】周りの人たちとコミュニケーションをとること。

「最も大切なこと」を発見するための質問

フランクリン・プランナーを単なる第3世代の手帳としてではなく、あなたの「最も大切なこと」を実現するための第4世代の手帳として活用するには、「最も大切なこと」を発見し、それを実現する具体的なタスクを設定しなければならない。

「最も大切なこと」を発見するためのお手伝いをするのがここだ。3つの切り口をからアプローチする。理想的な生き方に近づくための具体的な行動指針である「Value(価値観)」、理想とする生き方を実現するために果たすべき「Role(役割)」、そしてあなた自身の理想とする生き方やあるべき姿を表す「Mission(ミッション)」から考える。

ここでじっくりと自分の「最も大切なこと」を考えて欲しい。ここでの納得感が強ければ強いほど、具体的な長期目標や中間ステップを設定することも楽になるはずだ。

なお、フランクリン・プランナーの使い方や「最も大切なこと」を発見するためのツールCD-ROM(1500円)も用意してあるので、興味のある方は参照していただきたい。

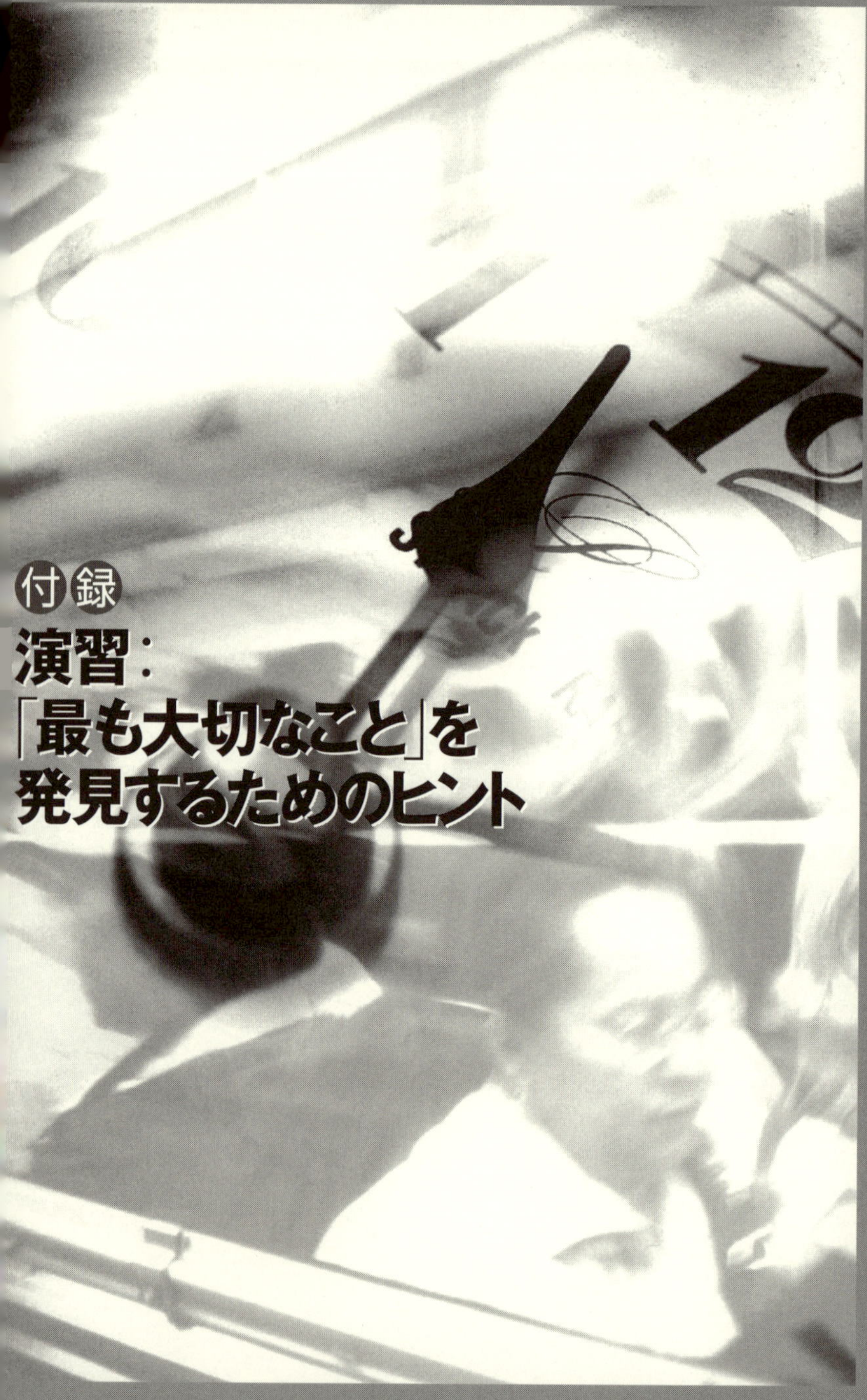

付録
演習：「最も大切なこと」を発見するためのヒント

おわりに

「時間」という限りある資源を本当に有効に使うには、どれだけ自分にとって本質的に重要なことを実行できるかにかかっていることが、おわかりいただけたと思う。

「本当に重要なことを実行する」

この一言に集約されていると言ってしまえばそれまでなのだが、そこに至るまでのプロセスには、さまざまな自分自身への問いかけや、洞察、分析など、これまでに体験したことのない知的でクリエイティビティあふれる思考の旅を経験することになる。

実際に書いてみるとわかるのだが、自分の「ミッション・ステートメント」を書き出し、仕上げた時の興奮、緊張は、おおげさではなく、「これが生きるエネルギーとなる」ことを実感できたことを今でも鮮明に思い出すことができる。

ただ、そのことによって劇的に自分の行動が変化したり、急に物事が生産的になることはないかもしれない。しかし、一つだけ劇的に変化することがある。それは、心のなかの満足感、納得感、充足感といった自分自身の気持ちだ。

これまでと全く同じ仕事をしたり同じ場所に行くことであっても、それを支える「価値観」を自覚していることで、その出来事に関する満足感は劇的に変化する。

日々の生活のなかでは、なかなか振り返ることのできない「ミッション」や「価値観」だが、自分のなかに礎が存在することの安心感というものをぜひとも味わっていただきたい。

最後にこの本を出版するにあたって、多くの人たちのアドバイスや助言をいただいた。特に本文の執筆、編集を快く引き受けてくださった菊地原　博氏（有限会社リベラ）、佐原　勉氏（株式会社ユニゾン）にはこの場を借りて感謝申し上げたい。さらに、快く取材に応じてくださり、ご協力いただいた皆様、そして、今回の増補改訂版作成に際しては、黄木　信氏（リンガス・コーポレーション）に大変お世話になり、心より感謝申し上げたい。

2003年1月　吉日

フランクリン・コヴィー・ジャパン株式会社

参考文献

『7つの習慣』スティーブン・R・コヴィー著　キングベアー出版
『7つの習慣―最優先事項』スティーブン・R・コヴィー著　キングベアー出版
『TQ―心の安らぎを発見する時間管理の探求』ハイラム・W・スミス　キングベアー出版
『The Advanced Day Planner User's Guide』Hyrum W. Smith Franklin International Institute, Inc.
『フランクリン・システム』サイビス編集部編　株式会社サイビス
『フランクリン自伝』ベンジャミン・フランクリン著　岩波書店（岩波文庫）
『夜と霧―ドイツ強制収容所の体験記録』V・E・フランクル著　みすず書房
『忘れられた日本人』宮本常一著　岩波書店（岩波文庫）
『マイケル・ジョーダンの真実』梅田香子編著　講談社（講談社＋α文庫）

人生は手帳で変わる！増補改訂版
2002年7月12日　初版第1刷発行　定価：本体1,500円（税別）
2003年9月1日　増補改訂版第2刷発行
編著者　フランクリン・コヴィー・ジャパン株式会社
装　丁　山下恭弘
イラスト　小田ヒロミ
発行者　竹村富士徳
発行所　キングベアー出版
〒102-0083　東京都千代田区麹町3-3　丸増麹町ビル7階
電話：03-3264-7403（代表）
URL：http://www.franklincovey.co.jp/
e-Mail：kbs-webmaster@kingbear.co.jp
印刷・製本　大日本印刷株式会社

©フランクリン・コヴィー・ジャパン株式会社
当出版社からの書面による許可を受けずに、本書の内容の全部または一部の複写、複製、転載および磁気または光記録媒体への入力等、並びに研修等で使用すること（企業内で行う場合も含む）を禁じます。